啦啦操运动训练与竞赛研究

王翠娟◎著

吉林出版集团股份有限公司
全国百佳图书出版单位

图书在版编目（CIP）数据

啦啦操运动训练与竞赛研究/王翠娟著. -- 长春：吉林出版集团股份有限公司, 2024.5. -- ISBN 978-7-5731-5243-5

Ⅰ. G831.32

中国国家版本馆 CIP 数据核字第 2024A8M738 号

啦啦操运动训练与竞赛研究
LALACAO YUNDONG XUNLIAN YU JINGSAI YANJIU

著　　者	王翠娟
责任编辑	李柏萱
封面设计	守正文化
开　　本	710mm×1000mm　　1/16
字　　数	210 千
印　　张	12.5
版　　次	2025 年 1 月第 1 版
印　　次	2025 年 1 月第 1 次印刷
印　　刷	天津和萱印刷有限公司

出　　版	吉林出版集团股份有限公司
发　　行	吉林出版集团股份有限公司
地　　址	吉林省长春市福祉大路 5788 号
邮　　编	130000
电　　话	0431-81629968
邮　　箱	11915286@qq.com
书　　号	ISBN 978-7-5731-5243-5
定　　价	75.00 元

版权所有　翻印必究

前　言

啦啦操运动是一项集体操、舞蹈、音乐、健身、娱乐于一体的体育运动项目，是一项具有核心价值的全民运动。啦啦操以其青春活力、健康时尚的特点，受到我国青少年群体的广泛喜爱。随着我国"全民健身"活动的开展，啦啦操运动更是从校园逐渐扩展到全社会并快速普及。它是由为美式足球呐喊助威的活动发展而来，属于集体性运动项目，具有很强的团队精神，到目前已有一百多年历史。

啦啦操通常是由多人组成的表演团队完成表演，形式多种多样，可以在音乐、服装、舞蹈动作等方面进行创新和表达，具有很强的视觉冲击力和表现力。整个团队需要齐心协力，每个人都发挥出自己的优势和特长，共同完成表演。啦啦操还可以出现在大型体育赛事、校园文化活动、娱乐演出等场合。作为一种跨越国界和文化的艺术形式，啦啦操具有文化多样性。如今，啦啦操凭借其独特的魅力，已成为深受大众喜爱的体育项目。

本书共分为五章。第一章为啦啦操运动理论概述，分别介绍了啦啦操的起源与发展、啦啦操的概念与分类、啦啦操常用术语、啦啦操运动的价值；第二章详细介绍了啦啦操运动技术与训练，主要从啦啦操基本技术特征和训练方法、舞蹈啦啦操的动作训练、技巧啦啦操的技术与训练三个方面展开；第三章为啦啦操成套动作的创编，主要内容有啦啦操成套动作创编的总体设计、啦啦操成套动作的创编程序、啦啦操成套动作中的音乐与服装选择；第四章讲述啦啦操运动员的选材，包括啦啦操运动员选材的理论基础、啦啦操运动员选材要求与组织实施、啦啦操队长的培养与训练三部分内容；第五章为啦啦操竞赛，分别介绍了啦啦操竞赛的种类及内容、啦啦操竞赛的组织工作、啦啦操竞赛规则与评分。

在撰写本书的过程中，作者参考了大量的学术文献，得到了许多专家学者的帮助，在此表示真诚感谢。由于作者水平有限，书中难免有疏漏之处，希望广大读者和同行指正。

目 录

第一章 啦啦操运动理论概述 1
第一节 啦啦操的起源与发展 3
第二节 啦啦操的概念与分类 7
第三节 啦啦操常用术语 10
第四节 啦啦操运动的价值 18

第二章 啦啦操运动技术与训练 23
第一节 啦啦操基本技术及其训练方法 25
第二节 舞蹈啦啦操的动作训练 36
第三节 技巧啦啦操的技术与训练 100

第三章 啦啦操成套动作的创编 123
第一节 啦啦操成套动作创编的总体设计 125
第二节 啦啦操成套动作的创编程序 139
第三节 啦啦操成套动作中的音乐与服装选择 144

第四章 啦啦操运动员的选材 151
第一节 啦啦操运动员选材的理论基础 153
第二节 啦啦操运动员选材要求与组织实施 157
第三节 啦啦操队长的培养与训练 168

第五章　啦啦操竞赛·············173
　　第一节　啦啦操竞赛的种类及内容·············175
　　第二节　啦啦操竞赛的组织工作·············176
　　第三节　啦啦操竞赛规则与评分·············185

参考文献·············191

第一章　啦啦操运动理论概述

　　啦啦操是一项深受广大群众喜爱、普及性较强的体育项目。本章为啦啦操运动理论概述，主要包括啦啦操的起源与发展、啦啦操的概念与分类、啦啦操常用术语、啦啦操运动的价值四部分内容。

第一节　啦啦操的起源与发展

一、世界啦啦操的起源与发展

（一）世界啦啦操的起源

在远古时期，部落的人们常常通过激动人心的呐喊和充满活力的舞蹈来激励出征的勇士，为他们加油打气。这种独特的习俗不仅展现了人类对团结和激励的重视，同时也与现代的啦啦操有着千丝万缕的联系。事实上，世界啦啦操的起源可以追溯到古希腊的奥运会，观众的欢呼和掌声正是啦啦操这种体育精神的早期表现形式。

在19世纪60年代，英国的学生开始在比赛场地为运动员呼喊加油，这种呼喊形式立刻传到美国。1865年，第一个活力俱乐部在普林斯顿大学成立。19世纪80年代，有组织的加油呼喊声在普林斯顿大学首次录制。

有组织的啦啦操开始于1898年11月2日。明尼苏达大学橄榄球比赛时，一位球迷发起集体喊口号行动，旨在提振士气。此举得到了大家的热烈响应，约翰·尼坎贝尔更是自告奋勇成为历史上首位啦啦队队长，带领大家有组织地喊出口号。从此，啦啦操成为该校的一项正式校园活动，为比赛增添了更多激情与活力。不久之后，在明尼苏达州大学有四位男生组成了"队呼小组"，这也标志着啦啦操活动的正式诞生。

（二）世界啦啦操的发展

早期的啦啦队队员全部为男生，啦啦队在橄榄球、篮球、排球等对抗性项目中调动现场气氛，为运动员呐喊助威。

20世纪20年代，开始有女生加入啦啦队。到20世纪40年代，这种活动的参与者开始以女生为主。女生加入啦啦队后，开始将体操、健美操的一些动作融入欢呼呐喊中，并开始手持道具增添气氛。20世纪初，啦啦队开始广泛使用扩音器。

20世纪50年代，美国的大学开设了啦啦队培训班，教授基本技巧。1967

年，美国举办了第一届"年度十佳大学啦啦队"排名活动，由国际啦啦队基金会（International Cheerleading Foundation，今为世界啦啦队基金会，World Cheerleading Association）颁发"全美啦啦队奖"。

20世纪70年代，啦啦队开始出现在各种比赛的现场，甚至服务于摔跤、游泳和田径比赛。

1978年春天，美国哥伦比亚广播公司的体育频道首次在全国转播"大学生啦啦操锦标赛"。从此，啦啦操开始作为一项运动被人们认可。

1980年，美国举办了首届全美啦啦队锦标赛，并制定了比较规范的啦啦操运动项目竞赛规则，标志着啦啦操运动进入竞技比赛的行列。

此后，啦啦操运动得到了飞速发展，啦啦操竞赛在全美各州的初中、高中、大学广泛举行。每年的全美啦啦队大赛电视转播都会获得很高的收视率，啦啦操运动已经成为美国一个极具代表性的社会体育运动。目前，全世界已有100多个国家开展了啦啦操运动。

国际全明星啦啦操联盟（International ALL-Star-Federation，简称IASF）总部设在美国，是美国全明星啦啦队联盟（United States ALL-Star-Federation）推动啦啦操运动进一步发展的成果。国际全明星啦啦队协会（International ALL-Star Cheerleading Association，简称IASCA）也由此诞生。

1998年，国际啦啦操联合会（International Cheer Union，简称ICU）在日本东京成立，这是啦啦操发展史上的一个重要转折点。2001年11月，在东京举行了第一届世界啦啦操锦标赛，吸引了全世界8个国家和地区参与，啦啦操运动正式晋升为世界性竞技活动。

2013年5月31日，经国际单项体育联合会投票表决，正式接受国际啦啦操联合会（ICU）进入国际单项体育联合会，ICU总部设在美国，截至2018年，已有116个会员。

2016年12月6日，在瑞士洛桑召开的国际奥委会（IOC）执委会会议上，ICU被IOC授予为期三年的临时认可。

二、中国啦啦操的起源与发展

（一）中国啦啦操的起源

1998年，中国大学生篮球联盟（简称CUBA）诞生，啦啦操在为其加油呐喊的表演中应运而生。由于啦啦操是一项充满阳光、时尚元素和团队精神的大众体育运动，其独特的运动魅力感染了青少年，因此，啦啦操运动受到青少年前所未有的追捧，在中国大、中、小学中全面展开。

（二）中国啦啦操的发展

2004年，中国大学生体育协会、中国大学生健美操艺术体操协会正式将啦啦操列为体育竞赛的教学内容。中国啦啦操的组织机构为国家体育总局体操管理中心下属的中国蹦床技巧协会啦啦操分会，及教育部下属的中国大学生体育协会健美操艺术体操分会两大组织。

2004年6月，中国大学生体育协会健美操艺术体操分会成功举办了全国啦啦操教练员及裁判员培训班，并首次推出中国啦啦操专业教练员与裁判员认证体系及啦啦操规定套路，将啦啦操的推广范围进一步扩大，极大地促进了啦啦操的发展。

2008年，啦啦操有了极大的发展。各类选拔赛如雨后春笋般涌现，其中就包括全国啦啦操锦标赛和冠军赛。

2009年，啦啦操被列为我国正式的体育比赛项目。为普及推广这一运动，国家体育总局体操运动管理中心先后在全国近十个省市举行了大规模培训，参训的教练员和裁判员近6000人，同时这一举措也得到了教育部大中小学生体育协会和中国教育报刊社的倾力支持。在多方努力下啦啦操运动被更多人熟知，迎来了全方位的发展。

2010年，国家体育总局体操运动管理中心正式接手啦啦操项目。2010—2013年，啦啦操的各项推广工作陆续展开。2010年全国啦啦操联赛的创办，为中国啦啦操运动的交流与发展搭建了很好的平台，之后每年的参赛人数迅猛增长。同年，国家体育总局体操运动管理中心与全国啦啦操推广委员会编制了《第一套全国啦啦操等级规定套路》，并在全国推广，标志着中国啦啦操运动步入规范化、标准化发展的轨道。

2011年，国家体育总局体操运动管理中心审定了《全国啦啦操推广普及规定套路及竞赛规程》，目的在于让啦啦操这项充满青春活力的运动走进校园，走进普通百姓的日常生活。

从2013年起，中国啦啦操联赛开始实行A级赛区和B级赛区制。除了联赛，还有总决赛、锦标赛、冠军赛和中国公开赛。

2013年5月31日，在圣彼得堡夏季年会上，国际单项体育联合会表决通过，在奥运项目和非奥运项目中正式接受国际啦啦操联合会，中国也正式成为国际啦啦操联合会第107位成员。国家体育总局体操运动管理中心积极与ICU展开合作，分别于2013年10月、11月邀请国际啦啦操专家来华授课，开设了"啦啦操国际规则教练员和裁判员培训班"和"啦啦操国际级裁判员培训班"，加快了中国啦啦操与世界接轨的步伐。

啦啦操项目的火爆，在一定程度上与校园足球相呼应，共同推进了校园文化的发展。教育部体卫艺司2014年4月10日在江阴召开足球啦啦操工作会议，提出"一校一球一操"模式，啦啦操运动如雨后春笋般迅速在全国发展开来。同年，全国啦啦操委员会（China Cheerleading Association，简称CCA）正式成立。国家体育总局体操运动管理中心主任和教育部学生体协主要领导担任全国啦啦操委员会主任一职。从2014年4月起，由教育部体卫艺司和国家体育总局体操运动管理中心共同主办，全国啦啦操委员会承办的"全国啦啦操送培到基层公益活动"正式启动。同年，国家体育总局体操运动管理中心审定并颁布了《全国第二套啦啦操规定套路》，对项目的规范推广普及、迅速扩大参与人群、项目的宣传及相关产业的发展起到了促进作用。

2015年11月，河南省郑州市金水区举办"全国中小学校园啦啦操展演活动"，打造金水区"一校一品一操"校园课间啦啦操模式。同年，啦啦操全面推行俱乐部制度，计划用10年时间在全国建设4万多家俱乐部。2015年5月，国家体育总局体操运动管理中心正式颁布并执行《啦啦操运动员技术等级标准》，确立锦标赛和冠军赛为国内通级赛事。

2017年，国家啦啦操青少年运动员"七彩星级"考级项目正式启动，3～14岁的青少年都可以通过考级，获得"赤、橙、黄、绿、青、蓝、紫"的各级啦啦操星级认证。2018年3月20日至4月1日，中国首届啦啦操文化节在日照盛大开幕，该文化节的举办致力于推广啦啦操运动、弘扬啦啦操文化、探索啦啦操价值。该活动的成功举办揭开了中国啦啦操发展历史的新篇章。《经典咏流传》歌曲也"落户"校园，成为课间啦啦操配乐。

2019年，为进一步推动啦啦操项目的发展，培养更多优秀的教练员和裁判员，全国啦啦操委员会修订了《全国啦啦操教练员和裁判员管理办法》。

2021年9月1日，为了进一步规范全国啦啦操项目的推广普及工作，确保全国啦啦操竞赛、培训和活动等相关工作的衔接和稳步推进，体育总局体操中心决定从2021年6月1日起，停止使用"全国啦啦操委员会"，由"中国蹦床与技巧协会啦啦操分会"负责全国啦啦操推广普及等工作。

从2010年起，中国建立了全国啦啦操联赛制度。此后，全国啦啦操联赛持续举行至今。赛事体制的建立对中国啦啦操运动项目的普及和发展起到了极大的推动作用。

中国啦啦操能够快速发展，不仅因为它的表现形式多种多样，还在于其文化精神深受广大群众的喜爱，更得益于国家对啦啦操运动发展的重视。

第二节　啦啦操的概念与分类

一、啦啦操的概念

啦啦操是一项跟随音乐或口号的节奏，借助标语、道具等表达手段，徒手或手持轻器械表演的运动。它以技巧动作或舞蹈动作为载体，以为比赛助威、调节紧张对抗的比赛气氛为目的，以团队的组织形式展示各种具有强烈鼓动性、感染性的动作，集中体现团队意识与集体主义精神，反映朝气蓬勃的精神面貌。这项运动兼具竞技性、观赏性、表演性。

二、啦啦操的分类

啦啦操的表演形式丰富多彩，从总体上看，主要分为舞蹈啦啦操和技巧啦啦操两大类，具体还可细分为许多类别，如图1-2-1所示。

```
                  ┌─ 花球啦啦操
                  ├─ 街舞啦啦操
        ┌ 舞蹈啦啦操 ┤
        │         ├─ 爵士舞啦啦操
        │         └─ 自由舞啦啦操
啦啦操 ─┤
        │         ┌─ 集体技巧啦啦操
        └ 技巧啦啦操 ┼─ 小团体技巧啦啦操
                  └─ 双人技巧啦啦操
```

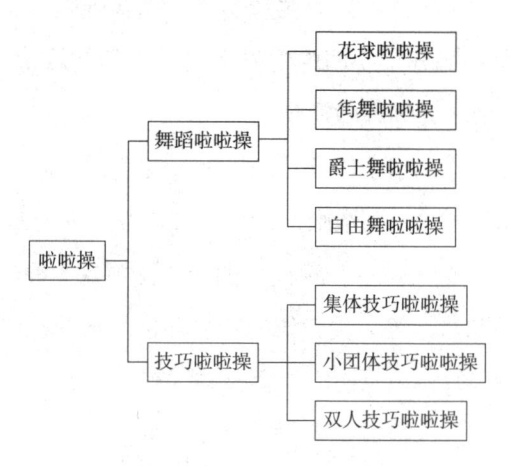

图1-2-1 啦啦操的分类

（一）舞蹈啦啦操

舞蹈啦啦操是一种独特的运动形式，将音乐与舞蹈艺术完美地融入日常锻炼中。在这项运动中，速度、力度和运动量都至关重要，它们为参与者塑造健康体魄的同时，也强调了风格的独特性和团队的协作魅力。舞蹈啦啦操的类型丰富多样，包括花球、爵士、街舞和自由舞蹈等，每种类型都有其独特的魅力和难度。此外，根据参与人数的不同，舞蹈啦啦操还可以分为集体和双人形式，使舞蹈啦啦操在使用时具有更高的灵活性。

1. 花球啦啦操

花球啦啦操是一项充满活力和技巧的团队舞蹈运动。它不仅要求队员具备高超的舞蹈技巧，还需要他们巧妙地运用花球来完成各种动作。这种舞蹈需要队员们展现出精湛的技术和多变的队形，给观众带来强烈的视觉冲击。在花球啦啦操中，动作的精确性、流畅性和稳定性都是非常重要的技术特点。只有当队员们能够准确地完成每个动作，让动作流畅自然并保持稳定性时，才能真正展现出花球啦啦操的魅力。

2. 爵士啦啦操

爵士啦啦操不仅融入爵士舞的自由与激情，还通过精心设计的队形、空间布局和方向转换，充分展示了运动的多样性和技巧的深度。它注重运动负荷的平衡，强调肢体动作的延伸和力度，追求松弛有度的节奏感。每一个动作、每一个转身都充满了激情与活力，而这种激情与活力正是来源于人们对舞蹈的热爱和对技巧的追求。

3. 街舞啦啦操

街舞啦啦操是一种充满活力和创意的表演形式。它强调动作的节奏感与音乐和谐，通过快速而流畅的舞步变换，展现出强烈的个人风格和独特的舞蹈魅力。街舞啦啦操要求舞者具备精准的控制力和精确的位置感，每一个动作都需要在精确的时间点上完成，以达到最佳的视觉效果。舞者通过瞬间的加速和制动，以及各种高难度的技巧动作，将舞蹈的激情和力量展现得淋漓尽致，给观众带来极具冲击力的视觉体验。

4. 自由舞蹈啦啦操

自由舞蹈啦啦操强调对民族或地域特色的展示，同时又不失啦啦操的基本特征。自由舞蹈啦啦操在自由与创意的结合中，融入民族舞的风格，使其独具魅力。这种舞蹈有助于身体和心灵的双重释放，实现了传统与现代的完美融合。

（二）技巧啦啦操

技巧啦啦操作为一种充满活力与激情的团队竞技项目，集音乐、舞蹈、运动技巧于一身，强调团队力量与协作精神的展现。在此项运动中，高难度动作是不可或缺的元素，如高空跳跃、惊险托举等，这些动作的完成需要团队成员间的默契配合。技巧啦啦操动作灵活多变，流畅与疾驰交替，给观众带来视觉与感官的双重享受。同时，明快的音乐节奏与动作完美融合，赋予整个表演强烈的动感与活力。技巧啦啦操的竞赛项目多样，包括集体、小团体和双人等，每种项目都有其独特的技术要求。运动员需巧妙运用抛接、翻腾和舞蹈配合等技巧，以应对各种挑战。这不仅是对运动员技能的考验，更是对团队合作与拼搏精神的充分展现。

1. 集体技巧啦啦操

在音乐的伴奏下，以跳跃、翻腾、托举、抛接、金字塔组合等技巧性难度动作为主要内容，配合口号、啦啦操基本手位及舞蹈动作，充分展示运动员高超的技能技巧。集体技巧啦啦操是参赛队员在五人以上的团队竞赛项目。

2. 小团体技巧啦啦操

在音乐的伴奏下，成套动作中以托举、抛接两类难度动作为主要内容，充分利用多种上架、下架动作以及过渡连接动作进行空间转换、方向与造型变化，展示五人组团队高超的技能技巧。

3. 双人技巧啦啦操

在音乐的伴奏下，由两人在一分钟内完成托举的动作。

第三节　啦啦操常用术语

啦啦操常用术语分为舞蹈啦啦操术语和技巧啦啦操术语。

一、舞蹈啦啦操术语

（1）腾空（个人、双人或小组完成）：运动员与其他运动员或表演场地脱离接触的状态或技巧动作。

（2）髋部高于头部的腾空翻转动作（个人完成）：在翻腾技巧中，髋部高于头部的旋转动作，不与表演场地接触（如踺子或后手翻）。

（3）侧空翻：一种腾空的翻腾技巧，类似于车轮滚动且双手不接触地面。

（4）反身吸腿跳：在旋转时，动力腿在空中画圈，支撑腿向上离开地面，使运动员在空中旋转且由支撑腿落地。

（5）后软翻：一种非腾空的翻腾技巧。首先，运动员身体弯曲向后下腰且手落地，进行髋部高于头的旋转动作；然后，运动员的躯干带动全身形成直立的姿态，双腿依次落地。

（6）Breaking：街舞的一种，包含武术和以技巧为主的动作与舞蹈。跳这种舞蹈的人被称为"B-boy"或"B-girl"。

（7）C跳：一种跳跃方式，指的是运动员向后仰，使膝盖弯曲双脚延伸到身体后方呈C形。

（8）侧手翻：一种非腾空的翻腾技巧。运动员在一侧倒立旋转时用双手支撑身体的重量，双脚依次落地。

（9）反身跨栏跳：反身跳跃的动作。旋转中动力腿延伸在空中画圈，支撑腿向上离开地面，使运动员在空中旋转，支撑腿延伸到身体后方弯曲膝盖，最后在空中完成旋转落地。

（10）项目：能体现出表演片段或整个成套的风格（如爵士啦啦操、花球啦啦操或街舞啦啦操等项目）。

（11）混合：除女性外，队伍中还有一名或多名男性运动员。

（12）库佩：运动员抬起一只脚贴紧踝关节的动作。

（13）巴塞：即传递。运动员抬起并曲单腿，脚尖靠近支撑腿的膝盖。巴塞可在两侧髋部相互平行或垂直时执行。

（14）Developpé（代弗洛佩，原意为伸展、延伸）：指动力腿从库佩经由巴塞到延伸的过程或动作。

（15）鱼跃滚翻：一种腾空的翻腾技巧，运动员在双手双脚同时不着地的情况下完成前跃翻腾的动作。

（16）分组：能体现出参赛运动员的组成结构（如混合组、青年组和少年组）。

（17）落地：腾空的运动员以膝盖、大腿、臀部、前胸、后背或劈叉姿势落于表演地面，这样可以缓解落地的冲击力。

（18）被举起的动作：运动员被从低位举起上升至更高位置的动作。

（19）执行运动员：在双人或小组配合中，借助其他运动员的支撑力做技术动作的运动员。

（20）挥鞭转：一种转体动作，通常在一系列动作中完成，像挥鞭子。运动员动力腿在执行动作时，在每次旋转中不断下蹲、伸直腿提升形成巴塞姿态。挥鞭转也可在旁侧完成或在第二位置完成。

（21）阿拉C杠：一种转体动作，通常在一系列动作中完成。运动员动力腿在空中画圈，主力腿在每次旋转中不断下蹲、提升，并保持与地面的平行，支撑腿与地面呈 90° 直角。

（22）前软翻：一种非腾空的翻腾技巧。运动员倒立，屈体向前翻转，从倒立姿态成为非倒立姿态，双脚和双腿依次落地。

（23）手倒立：一种非腾空、非旋转的翻腾技巧。运动员用双手垂直倒立，手臂在靠近头和耳朵处伸直。

（24）头转：通常在街舞啦啦操中表演。运动员用头部进行倒立旋转，并利用手部控制速度，双腿可呈任意姿态。

（25）前/后头手翻：一种腾空的翻腾技巧，通常在街舞啦啦操中表演。运动员既可向前表演也可向后表演。开始时运动员站立或蹲下，双手置于地面，头位于双手之间，然后双腿用力弹起，类似鲤鱼打挺，双脚同时落地。

（26）头位：一个特定的平均高度，指的是运动员伸直双腿、直立在地面上时头顶的高度。特别说明，这是一个测量空间的大致高度，不随身体的弯曲、倒置等形态而改变。

（27）头倒立：一种非腾空、非旋转的翻腾技巧。运动员呈垂直倒立姿态，由头部承受重量，双手置于地面并支撑身体。

（28）技巧高度：某一技巧动作开始时所在的高度。

（29）髋位：一个特定的平均高度，指的是当一名运动员伸直双腿、直立在地面上时髋部的高度。特别说明，这是一个测量空间的大致高度，不随身体的弯曲、倒置等形态而改变。

（30）髋部高于头的翻转（单人执行）：在翻腾动作中，运动员做髋部高于头的连续翻转动作（如后软翻或侧手翻）。

（31）髋部高于头的翻转（小组或双人执行）：在托举或双人配合动作中，执行运动员做髋部高于头的连续翻转动作。

（32）倒置技巧动作（单人执行）：一种技巧动作。运动员的腰部、髋部和双脚均高于其头部和双肩的姿态，一般有瞬间的停顿或有少许改变。

（33）托举（双人或小组执行）：一名运动员被另一名或多名运动员从地面抬起并保持固定的动作。托举由执行运动员和支撑运动员共同完成。

（34）单脚起跳、单脚落地的跳跃动作：运动员双脚轻扫地面后，单脚起跳，另一只脚腾空，最后用单脚落地的动作单脚起跳。该动作可在不同方向以不同姿态完成。

（35）鲤鱼打挺：一种腾空非旋转的翻腾技巧，通常出现在街舞啦啦操表演中。运动员通过弯曲膝盖，推动大腿靠近胸部，肩部稍向后并用力，使得身体呈直立姿态，完成鲤鱼打挺。踢腿的力量使运动员抬升，且双脚同时落地。

（36）连续技巧动作：在不移动、不停顿的情况下，运动员连续完成同一个技巧动作（如转体两周或两个屈体分腿跳）。

（37）配合动作（双人执行）：两名运动员相互支撑完成的动作。配合动作包括支撑和执行两方面的技巧动作。

（38）垂直倒置（单人执行）：一种倒置的姿态。当运动员的头部、颈部和肩部均在一条直线上，且该直线与地面呈90°时的姿态。

（39）转体/立转：一种转体技巧。运动员一腿下蹲，并将该脚置于另一脚（四位）前方，然后提起原下蹲的腿并使身体旋转一周。转体/立转可以不同的身体姿态执行。

（40）下蹲：一种准备落地的动作。运动员屈膝并向下蹲。

（41）道具：指的是在成套编排过程中非比赛服部分的任何物品。特别说明，在花球啦啦操中，花球被视为比赛服的一部分，而非道具。在残疾和特殊舞蹈啦啦操中，所有移动设施、假肢和支撑物均被视为运动员本身的一部分，一旦这些物品被刻意移除运动员或回到运动员身体之前，上述物品就被视为合规的道具。

（42）俯卧姿：运动员面朝下做俯卧的姿态。

（43）提踵：运动员提起脚跟向上的动作。

（44）释放动作（小组或双人执行）：正在表演的运动员与支撑运动员表演脱离地面的动作。

（45）肩倒立：运动员的肩部及上背部与地面接触，同时腰部、臀部及双脚均高于其头部和肩部的姿态。

（46）前/后单肩滚翻：一种非腾空的翻腾技巧。运动员利用后肩翻滚并保持与地面的接触，头部向侧边倾斜，避免与地面的接触。

（47）肩位：一个特定的平均高度，指的是当一名运动员伸直双腿、直立在地面时肩部的高度。特别说明，这是一个测量空间的大致高度，不随身体的弯曲、倒置等形态而改变。

（48）定格/定位：一种非腾空、非旋转的翻腾技巧。通常出现在街舞啦啦操表演中。运动员在表演中瞬间停止动作，通常用一只或两只手做支撑，停在一种有趣的、倒立的、具有平衡性的动作中。

（49）支撑运动员：在小组或双人配合动作中，一名负责支撑执行运动员的重量并与其保持接触的运动员。

（50）支撑腿：在技巧动作中，支撑运动员自身重量的腿。

（51）仰卧：运动员呈背部向下、面部向上的平躺姿态。

（52）交换腿跳：一种单脚起跳、单脚落地的跳跃动作。运动员摆动动力腿以改变跳跃的姿态或方向。

（53）踢尔特：一种出现在跳跃动作中的技巧。动力腿向上空猛踢，支撑腿指向地面落地。

（54）屈体分腿跳：运动员伸直双腿，通过胯的转动，将腿部向上抬起的跳跃动作。

（55）抛接：一种支撑运动员释放执行运动员的动作。在抛接开始时，执行运动员不与表演场地接触，舞蹈啦啦操中不可出现此技术技巧动作。

（56）翻腾：所有强调杂技或体操能力技巧的总称。翻腾的运动员通常不需要与其他运动员接触，也无须协助和支撑，翻腾动作的开始和结束都在表演场地上。

（57）垂直倒置（双人或小组执行）：支撑运动员直接承担执行运动员的重量，且执行运动员的腰部、髋部和双脚均高于其头部和双肩的姿态，一般有瞬间的停顿或些微改变的动作。

（58）大风车：一种非腾空、非旋转的翻腾动作。运动员从背部开始，由上背部到胸部自转，同时双腿围绕身体呈 V 形。腿部动作提供主要动力，使身体从背部着地的姿态空翻至胸部着地的姿态。

（59）动力腿：在运动员完成技术动作的过程中，主要产生动能或呈某一姿态的那条腿。

二、技巧啦啦操术语

（1）尖子：托举或篮抛时的上层运动员。

（2）底座：当尖子离开地面，支撑尖子主要重量或提供尖子完成动作所需动力的人，即握住、举起或者抛起一个尖子的人。

（3）保护员：不参与托举的动作，在托举和篮抛的旁边或后面提供保护的人。

（4）原地站立翻腾：翻跟头技巧（系列技巧），没有任何向前启动的征兆，从站立姿势开始进行。许多在进行翻腾技巧前的向后脚步也被定义为"原地站立翻腾"。

（5）行进间翻腾：一种带助跑的行进间翻跟头技巧。

（6）拉手空翻：在前空翻或后空翻时底座抓住尖子的手臂并持续对其提供支撑的翻腾。

（7）侧手翻：一种非空翻的技术，包括臀部越过头顶的翻腾。

（8）空翻：一项空中技巧，包括身体经过倒转位时不接触表演地面，臀部越过头的翻腾。

（9）鱼跃空翻：空中前空翻，手脚同时离开表演地面。

（10）软翻：一种非空翻的技巧，包括运动员在向前或者向后的翻腾过程中（常常是双腿呈劈叉状态）得到一个或者两个手的支撑。

（11）推起：体操术语，指在翻跟头技巧中利用本人的上肢力量离开表演地面。推起瞬间的空中姿势在任何高度都符合要求。

（12）后点底座（后点底座保护人）：指站在技巧组合的后面主要负责在尖子做既定的下法或者落下动作时保护他的头和肩膀的人。

（13）前点底座（前点底座保护人）：处于底座，为增加技巧力量或增加抛接高度的人，他们不参与支架过程。

（14）抛接：指底座将尖子抛向空中的技巧，空中的尖子与底座没有任何接触。例如，"篮子抛"和"海绵抛"，单个底座将尖子抛起到预定的托举位置，这个过程不算抛接。

（15）篮子抛（轿抛）：一种底座不超过四个人的抛接方法，其中两个人的手腕相互扣紧。

（16）海绵抛：一种多底座的抛接方法，底座通过尖子的脚将尖子抛起到空中。

（17）摇篮抛：一种底座不超过四个人的抛接方法，是底座将手臂扶于尖子后背或腹部所进行的抛接。

（18）直体抛：尖子表演抛接时的身体姿势，不包括任何空中的踢，要求尖子在抛接中达到最大限度的身体直线姿势。

（19）蹬起：将要被抛出的人的双脚并在底座的手中时使用的一种蹬腿接力技巧。

（20）摇篮接：一种由三人组成的接法，即由左、右、后三名底座。左右两侧的底座手掌向上接住尖子，一只手在尖子的背下，另一只手在尖子的大腿下，后面的底座接住尖子的头和肩部，尖子腾空后落下时必须面部朝上呈梭子姿势落下，接时有缓冲。

（21）自由落地：指无其他人帮助或者保护的落地过程。

（22）一周：围绕额状轴进行完整地向前或向后翻转。

（23）直升飞机：一个尖子在水平位置被抛掷，然后在被底座接住前，沿着垂直轴旋转（如直升飞机螺旋桨的旋转）。

（24）水平旋转抛：尖子以水平姿势被抛起后，以与地面平行的姿势做水平转体。

（25）转移抛接：一组底座将尖子抛向另外一组底座的抛接形式。

（26）倒置（头向下动作）：在技巧或者金字塔中进行翻转的人的重心是向下朝着地面的。

（27）前倒：一种前倒动作，托举或金字塔中尖子臀部和肩在脚以下，从脚到肩形成向下倾斜或完全颠倒的姿势。

（28）后躺：一种技巧，尖子面朝上水平躺，通常由两名或多名底座支撑，以及一名持续的后点支持。

（29）倒转：尖子的头在他本人的腰部以下，并且至少一只脚在腰部向前或向后旋转。

（30）俯姿：面向下，身体呈平直姿势。

（31）跳跃：一项不包括空翻的跳跃，包括分腿跳、团身跳、屈体跳、跨跳等。

（32）托举单腿踢：尖子的身体位于垂直位置，以单脚的状态被底座托起后的单脚踢。

（33）团身踢：一腿团身，一腿踢。

（34）抛踢转体360°：抛接中，用于包含一个踢和360°旋转的抛接。

（35）道具：可利用的物品。

（36）下法：指底座（们）和尖子在做托举后相互脱离，尖子再次回到托举前的准备状态。

（37）回接：接到尖子后回到另一个技巧，此时尖子的一条腿先点地然后再蹬起。

（38）亮相过渡：一种在过渡技巧或托举转换中的亮相姿态。

（39）站肩托举：托举中尖子的脚站在底座肩上的托举。

（40）托举：尖子的身体重心被一人或多人托起离开地面的所有技巧。底座主要支撑腿的数量决定了托举是单腿托举还是双腿托举。同样，底座的数量决定了是单底座、双底座还是多底座，底座的手臂数量则决定了托举是单臂托举还是双臂托举。

（41）高臂托举：使尖子的整个身体在底座头上方托起延伸的垂直位置。

（42）肩位托举：尖子被底座举到肩膀高度的动作。

（43）髋位托举：一种托举准备姿势，尖子的脚位于底座髋部高度的托举，可以单脚准备，也可以双脚准备，还可以踩在底座的大腿上。

（44）过渡托举：一个尖子从一个托举过渡到另一个托举，在过渡过程中可以交换底座或者不交换底座。

（45）托举移动：在金字塔或托举中，底座和尖子保持接触并调整队形的移动状态。

（46）单脚上推：一人或者多人的底座，底座向上推尖子的单腿或者双脚以增加其高度。

（47）金字塔造型：一个或多个尖子由一个或多个底座支撑而形成的金字塔形状的托举造型，金字塔造型的组成人员必须相互支撑，并产生相互联系。金字塔造型必须保持垂直状态，非垂直过渡动作是被允许的。

（48）两人高金字塔：以身体的长度为测定标准，包括尖子脚位于底座肩部的高度，具体托举动作包括肩位托举和站肩托举。

（49）两人半高金字塔：以身体的长度为测量标准，包括底座以高臂托举的姿势托起尖子脚的高度。

（50）一人半高金字塔：以身体的长度为测量标准，具体包括底座以高臂托举的姿势托起尖子臀部的高度，尖子的脚站在底座大腿时的高度，尖子臀部位于底座肩部时的高度。

（51）过渡金字塔：尖子从一个托举移动到另一个托举，在过程中可以交换底座或者不交换底座，但至少有一个底座或另一个尖子始终保持与尖子的不间断接触。

（52）跳步：任何类型的跳跃动作。

（53）翻腾：体操或者技巧的翻腾动作。

第四节　啦啦操运动的价值

一、娱乐审美价值

啦啦操是一项充满活力和激情的运动项目，以观赏性和愉悦性为主要特点，深受广大观众的喜爱。队员们在比赛中通过团队表演，展示力与美的完美结合，给观众带来强烈的视觉冲击和心灵享受。这种运动形式最初被用于激励战士，而在现代则与球类比赛相结合，为比赛队伍加油助威、活跃气氛。

队员手持花球，通过各种高难度的动作和队形变换，展现出积极乐观、健康向上的精神风貌。街舞、爵士舞等风格的融入，使得啦啦操更加丰富多彩，观众在观看中不仅能被吸引，更能享受其中。

啦啦操不仅是一项运动，更是一种文化，代表了积极、向上、健康的生活态度。通过参与啦啦操，人们不仅能锻炼身体，更能培养团队合作意识和精神，提高自信心和自我表达能力。同时，啦啦操也成为许多大型赛事中不可或缺的一部分，为比赛增添了更多的激情和活力。啦啦操是一项充满魅力的运动项目，它不仅具有观赏性和愉悦性，更能够带给人们身体和心灵上的双重享受。

二、互动效应价值

在30秒的口号环节，技巧啦啦操队员不仅是在简单地喊出口号。这些简短、有力、富有节奏感的口号，仿佛拥有魔力，能瞬间点燃赛场的气氛。口号声在空气中跳跃，让每一个在场的人都感受到那份激情与活力。

更令人感动的是，当口号中融入国家元素，那种归属感便愈发浓厚。每当队员喊出那些与国家、民族紧密相连的词汇，观众们的爱国情感会被点燃，心中涌起骄傲与自豪。当然，口号并非啦啦操表演中唯一的互动手段。队员们的肢体动作、每一个手势、每一个转身，都与口号相得益彰，共同构建了一幅青春、自信的画卷。他们的面部表情，无论是欢笑还是坚定，都在向观众传递着一个信息：我们是一体的，我们共同分享这份青春与激情。

也正是因为这种强烈的互动特性，技巧啦啦操成为现代体育表演中深受人们喜爱的形式。它不仅是一种体育竞技，更是一种情感的交流，一种正能量的传递。在这里，人们可以感受到青春的活力、团队的力量，以及那份永远向上的精神。

三、体育文化价值

啦啦操运动不仅是一项体育活动，还是体育文化的重要组成部分。通过啦啦操，学生们能够展现出青春的活力与积极向上的精神风貌。这种运动强调的是团结协作和集体至上，每一个动作、每一个技巧都需要队员默契的配合与共同努力。参与啦啦操的队员，不仅能够塑造出健美的身材，提升个人的审美意识，还能够为整个校园文化建设注入新的活力。更难能可贵的是，啦啦操运动能够让学生们在紧张的学习生活中体验到运动的快乐，释放压力，增强身体素质。这种寓教于乐的方式，不仅有助于学生的身心健康，还能培养他们的团队精神和集体荣誉感。因此，我们应该更加重视啦啦操运动在体育文化中的作用，为学生们提供更多的参与机会，让他们在运动中成长并收获快乐。

四、体育锻炼价值

啦啦操运动不仅是一项表演活动，更强调身体素质的提升。通过系统且科学的训练，队员们的耐力、柔韧性、灵敏性和协调性都能得到锻炼和提高。这样的训练，不仅增强了队员们的体质，更为他们的健康打下了坚实的基础。

啦啦操训练前的准备活动也是至关重要的环节。它不仅是为了热身，更是为了调节队员的身体状态，确保他们在训练和比赛中能发挥出最佳水平。更重要的是，充分的准备活动可以有效降低运动损伤的风险，保护队员的身体安全。无论是从身体素质的提升，还是从准备活动的调节和运动损伤的预防，啦啦操的体育锻炼价值都是不可忽视的。它不仅锻炼了队员的身体，更培养了他们的团队精神和协作能力。

五、赛事经济价值

近年来，啦啦操赛事的数量呈现增长势态，这为媒体平台提供了丰富的内容资源。这些赛事不仅吸引了大量的观众，还因其独特的魅力和活力成为社会关注的焦点。媒体平台通过直播、转播等方式，将这些精彩的赛事呈现给观众，收视率也随之增长。随着收视率的上升，媒体平台的影响力也在不断扩大。这种影响力不仅局限于赛场内，还延伸到了商业领域。广告商们看到啦啦操赛事背后的巨大潜力，纷纷选择在媒体平台投放广告。这不仅为媒体平台带来了可观的收入，更为品牌宣传提供了平台。

随着赛事的增加，相关产业也得到了发展。从啦啦操装备的生产，到赛事的策划和组织，再到现场的安保和后勤保障，每一个环节都需要专业的人才来完成。这不仅为许多人创造了就业机会，也为他们开辟了新的收入来源。对于一些对啦啦操感兴趣的人而言，这也是一个展示自己才华的平台。啦啦操的推广还打开了教练和裁判的培训市场。想要确保赛事的公平性和顺利进行，专业的教练和裁判是必不可少的。随着啦啦操赛事的增多，对教练和裁判的需求也在增加。因此，啦啦操的推广也为职业培训行业带来了新的发展机遇。

第二章 啦啦操运动技术与训练

本章将详细讲述啦啦操运动技术与训练，主要包括啦啦操基本技术和训练方法、舞蹈啦啦操的动作训练、技巧啦啦操的技术与训练三方面的内容。

第一节　啦啦操基本技术及其训练方法

一、啦啦操基本技术

（一）32个基本手位动作

啦啦操手臂动作有着特殊规定和要求，运动员必须按照规定的32个手位做动作。

要求所有啦啦操基本手位动作都锁肩并制动于体前。

（1）上 M：两臂肩上屈，手指触肩，肘关节朝外。

（2）下 M：两手叉腰于髋部，握拳，拳心朝后。

（3）W：两臂肩上屈，肘关节呈90°，握拳，拳心相对。

（4）高 V：两臂侧上举握拳，拳心朝外。

（5）倒 V：两臂侧下举握拳，拳心朝内。

（6）T：两臂侧平举，握拳，拳心朝下。

（7）斜线：一臂侧上举，一臂侧下举，握拳，举成一条斜线。

（8）短 T：两臂于胸前平屈握拳，拳心朝下。

（9）前 X：两臂交叉于体前，拳心朝下。

（10）高 X：两臂交叉于头前上方，拳心朝前。

（11）低 X：两臂交叉于体前下方，拳心朝斜下。

（12）屈臂 X：前臂交叉于胸前，拳心朝内。

（13）上 A：两臂上举，拳心相对。

（14）下 A：两臂于胸前下举，拳心相对。

（15）加油：两手握式击掌于胸前，肘关节朝下，手低于下颌。

（16）上 H：两臂上举与肩同宽，拳心相对。

（17）下 H：两臂前下举，拳心相对。

（18）小 H：一臂上举，另一臂胸前屈，握拳，拳心朝内。

（19）L：一臂握拳，拳心朝内，另外一臂侧举握拳，拳心朝下。

（20）倒 L：一臂侧举，另一臂前下举握拳，拳心朝下。

（21）K：一臂前上举，另一臂前下举，握拳，拳心相对。

（22）侧 K：双腿弓步或开立，手臂同 K。

（23）R：一手头后屈，拳心朝内，另一手向前下冲拳，拳心朝下。

（24）弓箭：一臂胸前平屈，前臂低于上臂，另一臂侧平举。两手握拳，拳心朝下。

（25）小弓箭：一臂侧平举，拳心朝下，另一臂胸前屈，拳心朝内。

（26）高冲拳：一臂前上举，拳心朝内，另一手叉腰，拳心朝后。

（27）侧下冲拳：一手叉腰拳心朝后，另一臂做下 V 的一半，拳心朝后。

（28）斜下冲拳：左手叉腰，右臂左前下冲拳，拳心朝下。

（29）斜上冲拳：左手叉腰，右臂左前上冲拳，拳心朝下。

（30）短剑：左手叉腰，右臂胸前屈，拳心朝内。

（31）侧上冲拳：左手叉腰，右臂侧上冲拳，拳心朝外。

（32）X：双腿开立，两臂在头后平屈，拳心贴头，肘关节朝外。

（二）常用下肢动作

啦啦操常用下肢基本动作如下：

（1）立正站：直立，两腿并拢，手臂贴于体侧。

（2）军姿站：直立，脚跟并拢脚尖外开，两手背于体后。

（3）弓步站：前腿弯曲，后腿伸直，重心在两腿之间，两手背于体后（也有后腿弯曲的弓步站）。

（4）侧弓步站：一腿弯曲支撑，另一腿伸直侧点地，重心在支撑腿上。

（5）锁步站：两腿弯曲，一腿交叉于另一腿前。

（6）吸腿站：一腿直立，另一腿屈膝抬起，大小腿保持 90°。

（三）常用手型

（1）胜利：握拳，食指和中指伸直，呈 V 字形。

（2）力量：拇指握于四指中。

（3）喝彩：十指用力张开。

（4）酷：中指和无名指弯曲，其他三指自然张开。

（5）团结：双手在虎口处相握。

（6）真棒：四指相握，拇指竖起。

（7）勇往直前：握拳，食指伸出。

（8）自信张扬：四指并拢，拇指张开。

（四）手臂技术组合

准备姿势：两脚开立，与肩同宽。双臂收于体侧稍前，锁肩。

1. 组合一

第一个八拍动作如下：

1—2 拍：双手胸前击掌，做加油动作。

3 拍：做高 V 动作。

4 拍：做倒 V 动作。

5—6 拍：做上 M 动作。

7—8 拍：做下 H 动作。

第二个八拍动作如下：

1 拍：左手做下 M 动作，右手做左斜下冲拳动作。

2 拍：右手做侧上冲拳动作。

3—4 拍：做下 H 动作。

5—6 拍：做短 T 动作。

7—8 拍：做 T 动作。

第三个八拍动作如下：

1—2 拍：做下 M 动作。

3—4 拍：做 K 动作。

5—6 拍：做上 A 动作。

7—8 拍：做下 X 动作。

第四个八拍动作如下：

1拍：做左L动作。

2拍：做上H动作。

3拍：做右L动作。

4拍：做斜线动作。

5—6拍：屈臂做X动作。

7—8拍：双臂收于体侧稍前。

2. 组合二

第一个八拍动作如下：

1拍：两臂侧下举，拳心朝内。

2拍：两手胸前击掌。

3拍：同1拍。

4拍：同2拍。

5—6拍：两臂前举，拳心相对。

7—8拍：还原到直立姿势。

第二个八拍动作如下：

1拍：做高V动作。

2拍：左手叉腰，右手向左下冲拳。

3拍：右脚向侧一步呈马步姿势，双臂经左前滑至右侧。

4拍：左脚并于右脚向右转90°直立，两臂收于体侧。

5—6拍：两手五指张开置于嘴前，呈说话状。

7—8拍：左脚向侧一步呈马步姿势，两手扶于左膝。

第三个八拍动作如下：

1拍：右臂胸前平屈，向右用力摆，拳心朝下，头向右屈。

2拍：还原到直立姿势。

3—4拍：左脚向侧迈一步变成马步，上体前屈，低头含胸做上A。

5—6拍：还原到直立姿势。

7拍：两臂胸前屈握拳，右肘侧下，左肘侧上。

8拍：同7拍，方向相反。

第四个八拍动作如下：

1拍：左侧弓步，左手叉腰，右手向左斜前推掌。

2拍：还原到直立姿势。

3拍：同1拍，方向相反。

4拍：同2拍。

5拍：右臂上举。

6拍：右臂肩侧屈。

7—8拍：还原到直立姿势。

3. 组合三

第一个八拍动作如下：

1—2拍：两臂胸前平屈。

3—4拍：两臂还原体侧。

5拍：上臂不动前臂向右摆。

6拍：前臂向左摆。

7—8拍：同5拍、6拍。

第二个八拍动作如下：

1拍：右手做短T。

2拍：右臂向下甩控制于体侧。

3拍：同1拍，方向相反。

4拍：同2拍，方向相反。

5拍：两臂下摆成倒V。

6拍：两臂上摆成T。

7拍：两臂上摆成V。

8拍：两臂上摆成H。

第三个八拍动作如下：

1—2拍：前臂在头右前方绕环两周。

3—4拍：胸前击掌两次。

5—6拍：左脚侧出一步呈马步姿势，上体前屈，两臂在左前下方绕环两周。

7—8拍：同3—4拍。

第四个八拍动作如下：

1—2拍：两臂呈T姿势，哒拍左臂在上斜线。

3拍：右臂侧下举，左臂顺时针在身体的平面绕环720°。

4拍：两臂胸前屈，左手握右手。

5拍：同4拍，只有手臂摆于右肩。

6拍：同5拍，方向相反。

7—8拍：两臂做下H动作。

（五）下肢技术组合

1.组合一

预备姿势：两脚并拢，双手叉腰。

第一个八拍动作如下：

1—4拍：从左脚开始，向前走四步。

5—6拍：左脚向前一步呈锁步姿势。

7—8拍：还原。

第二个八拍动作如下：

1—3拍：从左脚开始，向后走三步。

4拍：吸右腿。

5—6拍：右脚后撤一步，呈左弓步姿势。

7—8拍：右脚并于左脚直立。

第三个八拍动作如下：

1拍：右脚向左斜前方上一步。

2拍：左脚向右斜前方上一步。

3拍：右脚向右后方退一步。

4拍：左脚向左斜后方退一步。

5拍：身体重心向右移呈右弓步姿势。

6拍：身体重心向左移呈左弓步姿势。

7—8拍：还原。

第四个八拍动作如下：

1拍：左脚向左点地，呈右侧弓步姿势。

2拍：还原。

3拍：右脚向右点地，呈左侧弓步姿势。

4拍：还原。

5—7拍：右脚向侧一步开立，微屈膝，以双脚脚掌为轴做转胯三次。

8拍：还原。

2. 组合二

预备姿势：两脚并拢，双手叉腰。

第一个八拍动作如下：

1—2拍：右脚向右一步开立，比肩稍宽。

3—4拍：左膝跪地身体右转90°。

5—6拍：同1—2拍。

7—8拍：两脚并拢还原。

第二个八拍动作如下：

1—3拍：右脚开始向右转360°。

4拍：右脚并左脚或直立。

5拍：左脚向侧一步呈弓步姿势。

6拍：还原。

7拍：同5拍，方向相反。

8拍：还原。

第三个八拍动作如下：

1拍：左脚向右脚后退一步，右脚离地。

2拍：重心回到右脚。

3拍：左脚向侧一步开立。

4拍：吸右腿。

5—6拍：右脚向前一步，两腿屈，重心在两脚之间。

7—8拍：右脚并拢还原。

第四个八拍动作如下：

1—2拍：右脚向前一步。

3—4拍：左脚并右脚。

5拍：右脚向前一步左脚抬起。

6拍：左脚并右脚。

7拍：同5拍。

8拍：右脚并拢还原。

3.组合三

预备姿势：两脚并立，双手叉腰。

第一个八拍动作如下：

1—3拍：两膝内扣，哒拍还原。

4拍：同哒拍。

5—6拍：左脚向后一步呈右脚在前的弓步姿势。

7—8拍：左脚并右脚，身体转向正面。

第二个八拍动作如下：

1拍：屈右膝，髋向左顶。

2拍：屈左膝，髋向右顶。

3拍：同1拍。

4拍：同2拍。

5拍：左脚向左一步。

6拍：右腿抬起。

7拍：右脚后落，呈左腿在前的弓步姿势。

8拍：右脚并左脚。

第三个八拍动作如下：

1—2拍：右脚向前一步点地。

3—4拍：还原。

5拍：同1—2拍。

6拍：同3—4拍。

7拍：同1—2拍。

8拍：同3—4拍。

第四个八拍动作如下：

1—2拍：右脚向侧一步呈马步姿势。

3—4拍：两腿开立。

5—7拍：双脚以脚掌为轴做转胯三次。

8拍：还原。

（六）全身技术组合

1. 组合一

1—3拍：从右脚开始向前走三步，双手经体侧由下至上呈侧上举姿势，掌心向上。

4拍：重心移至右脚，左脚尖后点地，双腿弯曲，上体前屈，双手放于斜后下方，掌心向内。

5—6拍：从左脚开始行进间转体450°，右腿重心，左脚尖点地，双手倒V。

7—8拍：左右转髋同时右手提肘伸至上举，掌心向外。

2. 组合二

1拍：左脚侧一步开立，两臂侧下举，掌心相对。

2拍：吸右腿转体270°，两臂上举。

3拍：右脚落于左脚后，双臂置于体前。

4拍：右腿屈前，水平控左腿，双臂前举，掌心向下。

5拍：左脚落地，右脚侧点地，两臂侧下举。

6—8拍：右腿经左前向后绕至后点地。

3. 组合三

1拍：右脚开始向2点钟方向迈一步，重心放于右脚并屈膝，双手侧上举，掌心向外，头右屈。

2拍：左脚继续迈步，于右脚前交叉，双腿屈膝，右手在体前，左手在体侧，头向左侧屈。

3拍：右脚继续向侧迈步，左脚侧点地，左手背于身后，右手侧平举，头右屈。

4拍：直膝，双手放于体侧。

5—8拍：脚下不动，上体随节拍逐渐向前俯至结束造型。

4. 组合四

1—2拍：从右脚开始，朝2点钟方向走两步，双手放于体侧。

3拍：右脚向右侧前拖步，双手从胸前向外平推开，掌心向外。

4拍：右脚向左前上步，右手呈一位手姿势，左手呈七位手姿势。

5—6拍：击足跳，两臂侧举。

7拍：落地时右脚支撑，左脚后点地站立。

8拍：还原到直立姿势。

二、啦啦操基本技术训练方法

（一）手臂技术训练方法

1. 游戏熟练法

（1）快速反应法。教师说出动作名称，全体学生快速反应做相应的动作；教师根据出现的问题强调动作规格。要求发力正确，反应灵敏。

（2）依次衔接法。学生站成一个圆，每个学生代表一个基本手位的动作名称。从某一同学开始，边做边说出自己所代表的动作名称，做完再加一个下蹲的动作，完成后随意喊出一个动作名称，代表该动作的同学接力，开始做该动作，以此类推。例如，"倒V蹲，倒V蹲完上H蹲"，接下来，代表上H的同学开始做动作。要求所有动作及名称精准配合。

2. 手臂位置控制训练

主要目的是使学生掌握准确的手臂位置，明确发力方式。

（1）单个手位的耗时控制练习。例如，手臂斜线，手臂摆在正确位置，2~3分钟，每次做三组。要求在控制的同时感受肌肉力量，形成肌肉记忆。

（2）相邻手位的连接发力练习。例如，加油接高 V 动作，两次动作发力连接的准确性、控制力和美感练习。练习时可以朝着正前方、左前方、右前方三个面来做动作。熟练后可以配合口号来加强对手臂的控制。要求动作短促有力，衔接有美感。

（3）慢拍感受手臂的发力方式。确定了动作的准确位置后，用清晰的路线把手臂动作做到位。体会慢动作时的肌肉感觉。要求不能让慢动作影响身体的控制。

（4）徒手对镜子练。选择一组动作，对着镜子进行分解练习，增加动作的精准性。注意发力的感觉。

（5）手持器械负重练习。例如，先做上 H 动作，然后双手握小哑铃，用同样的发力感觉来做上 H 动作，每次间隔 2～3 秒，一组做八次，做五组。不能因为手拿器械，动作就变形。

（6）让肌肉感受不同的控制力量。例如，上 A 和下 M，先做其中一个手臂动作，间隔 3～5 秒，再做另外一个手臂动作，感受不同的控制。要求在做动作的时候，手臂要有同样稳定的身体控制状态。

（7）变换节奏的练习动作。例如，加油、斜线、X、手臂还原，这四个动作分别进行 4 拍、2 拍和 1 拍变换动作的节奏。要求动作准确和发力连续。

（二）下肢技术训练方法

1. 腿部控制练习

以半蹲姿态控制练习为例。双腿分开比肩宽，屈膝蹲成马步，上体直立，两臂侧举。每组坚持 3 分钟，一次五组，间歇 2～3 分钟。要重视运动后的拉伸练习。

2. 平稳移动练习

运用小组合练习，强化重心平稳移动。例如，指定四个八拍的小组合，先练习第一个八拍的单拍动作，然后连接起来，再用同样方法练习下一个八拍的动作，最后将四个八拍进行递加连接。节奏逐渐加快。要避免弹动的发力方式。

3.跳步练习

三连跳练习即三个不同姿态的跳步动作连贯完成。例如团身跳加C跳加屈体分腿跳。先做团身跳，保证单独做一个动作的准确性，再分别做另外两个动作，然后练习前两个动作的连接跳，再练习后两个动作的连接跳，最后对三个动作进行连接，反复练习，每次练习间隔5秒钟左右。要求用爆发力跳起，落地要有缓冲。

4.绑沙袋步伐练习

两腿绑沙袋做下肢技术练习的动作。例如，两腿绑上沙袋后，做脚下步伐组合练习。间歇3~5分钟，再进行练习。共六组，每组三遍。要重视运动后的拉伸练习。

5.肌肉控制练习

以无支撑控腿为例。控腿每次坚持2分钟，然后换另外一条腿。间歇5~8分钟。共做五组。要求重心稳定。

6.变换节奏练习

相同的动作，由慢变快。例如，找一组四个八拍的动作，先慢慢地喊拍，逐渐加快速度，最后配音乐练习。每天练习两组动作。要求保持正确的技术。

第二节　舞蹈啦啦操的动作训练

一、舞蹈啦啦操的动作

（一）舞蹈啦啦操的难度动作

舞蹈啦啦操的难度动作是成套舞蹈啦啦操的重要组成部分，是舞蹈啦啦操能力的重要标志。一套舞蹈啦啦操难度动作分为三类，即平衡转体类、跳跃类、踢腿类。

1.一级难度动作

（1）平衡转体类。身体绕垂直轴转体或保持单足站立姿势停止2秒。转体过程中脚跟上提，身体重心平稳。

①前吸腿平衡：一腿支撑，另一腿抬起，大腿与地面平行，小腿垂直于地面，踝关节紧张绷脚，两臂上举握拳，保持2秒。

②侧吸腿平衡：一腿支撑，另一腿抬起，大腿外展与地面平行，小腿垂直于地面，踝关节紧张绷脚，两臂上举握拳，保持2秒。

③前屈腿搬腿平衡：一腿支撑，另一腿屈膝前抬，双手扶膝，大腿与地面平行，踝关节紧张绷脚，保持2秒。

④侧屈腿搬腿平衡：一腿支撑，另一腿屈膝侧抬，一手扶膝，另一臂侧上举，大腿外展与地面平行，踝关节紧张绷脚，保持2秒。

⑤后屈腿搬腿平衡：一腿支撑，另一腿向后抬起，同侧手扶住脚踝，大腿与地面垂直，另一臂侧上举握拳，保持2秒。

（2）跳跃类。跳跃类动作是体现运动员爆发力的关键动作，跳和跃的起跳和落地既可以单脚完成，也可以双脚完成。当采用双脚落地时，两脚夹紧落地缓冲。

①分腿小跳：重心下降，两腿用力蹬地垂直向上跳起，同时两腿左右分开，直膝绷脚，两臂侧上举握拳。

②团身跳：重心下降，两腿用力蹬地起跳，同时屈膝、抱腿、绷脚，大腿平行于地面。

③C跳：重心下降，两腿用力蹬地起跳，同时两腿后屈，双臂伸直，绷脚，身体呈C形。

④纵跨跳：重心下降，两腿用力蹬地起跳，同时呈竖叉姿势，直膝绷脚，一臂前举，一臂侧举。

⑤横跨跳：重心下降，两腿用力蹬地起跳，同时呈横叉姿势，直膝绷脚，双手前举。

⑥垂直跳转180°：一臂上举，一臂侧举，两腿用力蹬地，同时垂直跳转180°，直膝绷脚，跳起时两臂胸前交叉。

（3）踢腿类。踢腿应充分展示出运动员的爆发力，所有的踢腿动作必须在空中完成（吸踢腿除外）。

①吸踢腿：直立，向前吸腿一次再踢腿一次，踢腿时直膝绷脚，开度大于90°、小于180°，双臂侧下举握拳。

②前中踢腿：直立，向前踢腿，踢腿时直膝绷脚，踢腿开度大于90°、小于180°，双臂侧下举握拳。

③侧中踢腿：直立，向侧踢腿，踢腿时直膝绷脚，踢腿开度大于90°、小于180°，双臂侧上举握拳。

2. 二级难度动作

（1）平衡转体类包括以下几种：

①高搬腿前平衡：直立，一腿支撑，另一腿直腿向前抬起，双手搬扶踝关节，搬腿开度呈180°，踝关节紧张绷脚，保持2秒。

②高搬腿侧平衡：直立，一腿支撑，另一腿直腿外展向侧抬起绷脚，一手搬扶踝关节，另一臂侧上举，搬腿开度呈180°，保持2秒。

③搬腿转体180°：直立，一腿支撑，另一腿直腿向前抬起，双手搬踝关节，搬腿开度呈180°，提踵转体180°。

④吸腿转体360°：直立，一腿支撑，另一腿前吸，大腿与地面平行，踝关节紧张绷脚，双臂胸前交叉，提踵转体360°。

⑤高搬腿后平衡：直立，一腿支撑，另一腿屈腿向后抬起，同侧手搬扶住脚踝，身体稍前倾，另一臂前上举握拳，保持2秒。

（2）跳跃类包括以下几种：

①莲花跳：重心下降，两腿用力蹬地垂直向上跳起，同时两腿前后屈小腿尽量与地面平行，绷脚，两臂侧上举握拳。

②跨栏跳：重心下降，两腿用力蹬地垂直向上跳起，一腿直腿前上踢，另一腿后屈，绷脚，两臂握拳自然摆动。

③跨跳转体180°：重心下降，双臂前举，两腿用力蹬地呈纵跨跳姿势，同时空中转体180°落地。

④垂直跳转360°：重心下降，一臂上举，另一臂侧举，两腿用力蹬地垂直跳转360°，直膝绷脚，跳起时两臂胸前交叉。

（3）踢腿类包括以下几种：

①吸踢腿：向前吸腿一次、高踢腿一次，吸腿时大腿平行于地面，踢腿时直膝绷脚，开度呈180°，吸腿时两臂侧下举握拳，踢腿时两臂侧平举握拳。

②前高踢腿：向前高踢腿，开度呈180°，绷脚，两臂侧平举握拳。

③侧高踢腿：向侧高踢腿，开度呈180°，绷脚，两臂侧上举握拳。

3. 三级难度动作

（1）平衡转体类包括以下几种：

①高控腿前平衡：一腿支撑，另一腿向前抬起呈180°，绷脚，双臂侧平举，保持2秒。

②高控腿侧平衡：一腿支撑，另一腿向侧外展抬起呈180°，绷脚，双臂侧上举握拳，保持2秒。

③高控腿转体180°：一腿支撑，另一腿向前抬起呈180°，绷脚，同时提踵转体180°，双臂侧平举。

④搬腿转体360°：一腿支撑，另一腿向前抬起呈180°，绷脚，双手扶踝关节提踵转体360°。

⑤吸腿转体540°：一腿支撑，另一腿前吸，大腿与地面平行，绷脚，提踵转体540°，双臂胸前交叉。

（2）跳跃类包括以下几种：

①屈体并/分腿跳：重心下降，两腿用力蹬地垂直向上跳起，同时两腿左右分开或并拢呈屈体跳，直膝绷脚。

②平转360°反身纵叉跳：直立，双臂胸前交叉平转360°；反身重心下降，两腿用力蹬地向上跳起呈纵跨跳姿势，绷脚，双臂侧平举。

③变身跳：以右腿为例，左脚蹬地，右腿向前上踢摆跳起，同时空中转体180°纵劈腿，落地时右腿支撑，左腿后举，双臂侧平举。

④交换腿跳：以右腿为例，左脚蹬地，右腿向前上踢摆跳起，同时空中换腿纵劈腿，落地时左腿支撑，右腿后举，双臂前举。

⑤平转360°反身莲花跳：直立，双臂胸前交叉平转360°；反身重心下降，两腿用力蹬地，垂直向上做莲花跳动作，两臂侧上举握拳。

⑥垂直跳转 540°：重心下降，一臂上举，另一臂侧举，两腿用力蹬地向上跳起，同时直体跳转 540°，绷脚，两臂胸前交叉。

（3）踢腿类包括以下几种：

①里合腿：一腿支撑，另一腿经侧向内踢摆，绷脚，双臂侧平举。

②外摆腿：一腿支撑，另一腿经内向外踢摆，绷脚，双臂侧平举。

③屈腿剪踢：左脚蹬地，右腿屈膝跳起，空中换腿同时左腿伸直上踢，双臂侧下举，握拳。

4. 四级难度动作

（1）平衡转体类包括以下几种：

①高控腿转体 360°：一腿支撑，另一腿向上抬起呈 180°，提踵转体 360°，双臂侧平举。

②高搬腿转体 540°：一腿支撑，另一腿向上抬起呈 180°，双手扶踝关节，提踵转体 540°。

③吸腿转体 720°：一腿支撑，另一腿吸腿，双臂胸前交叉，提踵转体 720°。

④挥鞭转 720°：以右腿为例，左腿支撑，右腿左摆，重心下降，提踵，右腿侧摆转体 720° 同时吸腿，双手胸前交叉。

（2）跳跃类包括以下几种：

①平转 360° 反身屈体分腿跳：直立，右脚侧一步，身体向右转体 90°，左脚向右脚外侧一步交叉，提踵转体 360°，双臂胸前交叉；重心下降，两腿用力蹬地同时分腿跳，绷脚，双臂侧举。

②交换腿转体 90° 横跨跳：直立，一腿绷脚抬起，踝关节紧张，向后转体 90° 横跨跳。

③垂直跳转 720°：重心下降，一臂上举，另一臂侧举，两腿用力蹬地，同时垂直跳转 720°，跳转时双臂胸前交叉。

④同类双连跳：如连续两次分腿大跳等。

（3）踢腿类包括以下几种：

①跳起旋风腿：直立，右腿蹬地，左腿经右、上向左踢摆，跳起同时右腿沿运动轨迹经侧向左踢摆。

②异类四次高踢腿组合：由两种以上的不同类型的踢腿动作组成，每组四次。

③直腿剪踢：重心下降，右腿蹬地左腿直腿上摆90°，跳起同时右腿上摆180°。

5. 五级难度动作

（1）平衡与转体类包括以下几种：

①高控腿转体540°：一腿支撑，另一腿向前抬起呈180°，提踵转体540°，双臂侧平举。

②高搬腿转体720°：直立，一腿支撑，另一腿向上抬起呈180°，双手扶踝关节，绷脚，提踵转体720°。

③吸腿转体900°：直立，一腿支撑，另一腿吸腿，绷脚，双臂胸前交叉，提踵转体900°。

④挥鞭转1080°：以右腿为例，左腿支撑，右腿左摆重心下降，提踵，右腿侧摆转体1080°同时吸腿，双手胸前交叉。

（2）跳跃类包括以下几种：

①异类双连跳：由两种不同类跳步组成，如屈体跳和跨栏跳。

②垂直跳转900°：重心下降，一臂上举，另一臂侧平举，两腿用力蹬地垂直向上跳起同时跳转900°，跳转时两臂胸前交叉。

③同类三连跳：由三种同类型跳步组成，如连续三次屈体跳。

（3）踢腿类包括以下几种：

同类八次高踢组合：向前或向侧连续大踢腿八次。

6. 六级难度动作

（1）平衡转体类包括以下几种：

①高控腿转体720°：一腿支撑，另一腿向上抬起呈180°，提踵转体720°，双臂侧平举。

②高搬腿转体900°：一腿支撑，另一腿向上抬起呈180°，双手搬扶踝关节，提踵转体900°。

③吸腿转体1080°：一腿支撑，另一腿吸腿，提踵转体1080°，双臂胸前交叉。

④挥鞭转体1080°多样转体：以右腿为例，左腿支撑，右腿左摆，提踵转体1080°。可变换多样转体，如吸腿、搬腿转等。

（2）跳跃类包括以下几种：

①异类三连跳：由三种不同类跳步组成，如屈体跳、跨栏跳、屈体分腿跳。

②垂直跳转1080°：重心下降，一臂上举，另一臂侧平举，两腿用力蹬地垂直向上跳起同时跳转1080°，双臂胸前交叉。

（二）花球舞蹈啦啦操动作组合

花球舞蹈啦啦操就是手持花球完成的啦啦操。

花球材质：舞蹈啦啦操花球的材质可分为比赛用球和非比赛用球两种。比赛用球一般为塑料或金属材质；非比赛用球的材质不限，可以根据自身条件因地制宜灵活选用，如花纸球、麻绳球、纤维绳球等。

花球规格：舞蹈啦啦操花球的规格可分为比赛用球和非比赛用球两种，比赛用球规格可以是4寸、6寸或8寸；非比赛用球不受限制，可以自定大小，球队或个人可以根据实际情况自行选择或制作。

花球舞蹈啦啦操的动作训练组合如下：

1. 花球舞蹈啦啦操自编组合

（1）组合一包括四个八拍动作，具体如下：

第一个八拍动作：

1拍：从右脚开始，向前走，同时双臂斜下摆。

2拍：左脚在前，同时胸前击掌。

3拍：同1拍。

4拍：并脚，胸前击掌。

5拍：右脚向右一步，同时双手直臂向右斜上方摆。

6拍：双手向上摆。

7拍：双手向左斜上方摆。

8拍：收右脚，还原。

第二个八拍动作：

1拍：双臂向右摆，右臂伸直，左臂屈。

2拍：双臂向左摆，左臂伸直，右臂屈。

3拍：同1拍。

4拍：还原。

5拍：吸左腿，同时左手叉腰，头向右摆，身体略向右倾斜。

6拍：还原。

7拍：左脚向左一步，同时右臂向左斜前方摆。

8拍：收左脚还原。

第三个八拍、第四个八拍同第一个八拍、第二个八拍，但方向相反。

（2）组合二包括四个八拍动作，具体如下：

第一个八拍动作：

1—2拍：右脚向右一步，左手叉腰，同时右臂向左斜上举。

3—4拍：左手叉腰，右手肩前屈。

5—7拍：右手直臂经身体左侧至前向右摆，头部随手臂同时摆动。

8拍：收右脚还原。

第二个八拍动作：

1—2拍：身体经左向后转，左脚后退一步呈左脚在前的弓步，双臂胸前屈。

3—4拍：身体经右转回来，双臂斜上举。

5—6拍：收左腿，屈膝蹲，双手扶膝，低头含胸。

7—8拍：还原。

第三个八拍、第四个八拍同第一个八拍、第二个八拍，但方向相反。

（3）组合三包括四个八拍动作，具体如下：

第一个八拍动作：

1拍：左脚向左一步，手臂打开呈斜线并依次做大绕环。

2拍：右脚后退一步于左脚后边，双臂绕至侧平举。

3拍：左脚向左一步成开立，双臂绕至上下举。

4拍：右脚并左脚，双臂胸前屈。

5—6拍：左脚向左一步，呈弓步，同时双臂左侧冲拳，呈左K姿势。

7—8拍：收右脚还原。

第二个八拍动作：

1拍：右脚向右一步，双臂右胸前绕，面向右看。

2拍：双臂左胸前绕，面向左看。

3拍：两腿开立，双手叉腰。

4拍：两腿收回，双手叉腰。

5—6拍：右脚向后退一步呈左腿在前的弓步，双臂向上冲拳。

7—8拍：右脚还原。

第三个八拍、第四个八拍同第一个八拍、第二个八拍，但方向相反。

2. 花球舞蹈啦啦操套路组合

（1）预备动作如下：

①预备姿势：左手叉腰，右臂侧平举，右腿屈膝外开右脚点地，面向正前方。

②手臂动作：

1—4拍：双臂呈下V姿势，哒拍挺身，双臂屈于胸前，双手相靠。

5—7拍：双臂呈上V姿势。

8拍：双手握持花球于胸前。

③步法：

1—4拍：右脚在前锁步。

5—7拍：双腿开立。

8拍：双腿跳成并步。

④手型：手握花球。

⑤面向：正前方。

（2）第一个八拍如下：

①手臂动作：

1—3拍：双臂收于大腿前方。

4拍：做H动作。

5—6拍：双手抱于胸前。

7—8拍：做上V动作，两拍一动。

②步法：

1—3拍：右脚、左脚、右脚依次前上步。

4拍：并步提踵。

5—8拍：上左脚，呈弓步姿势，右膝微屈，提踵。

③手型：手握花球。

④面向：正前方。

（3）第二个八拍如下：

①手臂动作：

1—3拍：手臂收于大腿前方。

4拍：双臂做上H动作。

5—6拍：双手抱于胸前。

7—8拍：双臂做下V动作，两拍一动。

②步法：

1—3拍：右脚、左脚、右脚依次退步。

4拍：并步提踵。

5—8拍：左脚后退，呈弓步姿势，左膝微屈，提踵。

③手型：手握花球。

④面向：正前方。

（4）第三个八拍如下：

①手臂动作：

1—3拍：手臂收于大腿前方。

4拍：双臂屈肘于胸前。

5—6拍：手臂呈左K姿势。

7—8拍：双臂屈肘于胸前。

②步法：

1—4拍：左脚、右脚、左脚依次踏步，同时向左转体360°并步。

5—6拍：迈左脚屈膝弓步。

7—8拍：收左脚，并腿站立。

③手型：手握花球。

④面向：

1—4拍：同身体方向。

5—6拍：左方。

7—8拍：正前方。

⑤头位：

5—6拍：身体面向左方，头部面向正前方。

其他节拍：同身体方向。

（5）第四个八拍如下：

①手臂动作：

1—3拍：手臂垂于大腿前方。

4拍：双臂屈肘于胸前。

5—6拍：手臂做K动作。

7—8拍：双臂屈肘于胸前。

②步法：

1—4拍：右脚、左脚、右脚依次踏步，同时向顺时针方向转体360°并步。

5—6拍：迈右脚屈膝弓步。

7—8拍：收右脚，并腿站立。

③手型：手握花球。

④面向：

1—4拍：同身体方向。

5—6拍：左方。

7—8拍：正前方。

⑤头位：

5—6拍：身体面向左方，头部面向正前方。

其他节拍：同身体方向。

（6）第五个八拍如下：

①手臂动作：

1拍：右臂上举，做左L动作。

2拍：屈肘于胸前。

3—4拍：与1—2拍动作相同，方向相反。

5拍：右臂前举，左臂侧平举，做前L动作。

6拍：双臂上举，做上H动作。

7拍：左臂呈前L姿势。

8拍：双臂收于大腿前方。

②步法：

1拍：左脚向左侧迈步同时半蹲。

2拍：收左脚并步。

3拍：与1拍动作相同，方向相反。

4拍：与2拍动作相同，方向相反。

5拍：左脚上步做前弓步动作。

6拍：并步，双脚提踵。

7拍：右脚向右侧迈步同时半蹲。

8拍：收右脚，并腿站立。

③手型：手握花球。

④面向：正前方。

（7）第六个八拍如下：

①手臂动作：

1—2拍：呈右上斜线。

3—4拍：呈左上斜线。

5—6拍：含胸，双臂收于胸前。

7—8拍：双手并拢，双臂前伸。

②步法：

1—2拍：迈右脚呈右弓步姿势。

3—4拍：重心左移呈左弓步姿势。

5—6拍：屈膝并步。

7—8拍：向前迈左脚，屈腿弓步，右脚跟提起。

③手型：手握花球。

④头位：

5—6拍：低头。

其他节拍：同身体方向。

（8）第七个八拍如下：

①手臂动作：

1—2拍：右臂做高冲拳动作。

3—4拍：点头一次。

5拍：做右斜下冲拳动作。

6拍：从右下方摆至左上方，呈左侧上冲拳姿势。

7—8拍：与5—6拍动作相同，方向相反。

②步法：

1—4拍：左脚向后侧迈出，分腿站立。

5—8拍：保持不动。

③手型：手握花球。

④面向：正前方。

（9）第八个八拍如下：

①手臂动作：

1—6拍：双臂收于大腿前方。

7—8拍：双手抱于胸前，做加油动作。

②步法：

1—6拍：左右脚依次踏步。

7—8拍：并步。

③手型：手握花球。

④面向：正前方。

（10）第九个八拍如下：

①手臂动作：

1—2拍：双手做上A动作。

3—4拍：双手做下H动作。

5拍：双臂平行向右斜上方冲拳。

6拍：双手下压扶右膝。

7拍：双臂收于体前。

8拍：屈臂收于腰间。

②步法：

1—2拍：双脚分腿站立。

3—4拍：屈膝俯身。

5拍：身体右转后靠，两腿分立半蹲，重心移至左脚，同时左脚跟提起。

6拍：将体位重心移至两腿之间。

7拍：跳起呈并步直立姿势。

8拍：右脚在前锁步。

③手型：

手握花球。

④面向：

5—6拍：右前方。

7拍：左方。

其他节拍：同身体方向。

⑤头位：

1—5拍：眼随手走。

6拍：低头。

7拍：左方。

8拍：正前方。

（11）第十个八拍如下：

①手臂动作：

1拍：双手做上H动作。

2拍：双臂经体侧由上向下压。

3—7拍：扶右膝。

8拍：双臂垂于大腿前方。

②步法：

1拍：右脚支撑，左脚向侧摆腿。

2拍：呈左脚在前的锁步姿势。

3—7拍：身体右转前俯身，两腿分立半蹲，重心在两脚之间，同时左脚跟提起。

8拍：双腿并立。

③手型：手握花球。

④面向：

1拍：正前方。

2拍：右前方。

3—7拍：右方。

8拍：正前方。

⑤头位：

1、2、8拍：正前方。

3—7拍：低头。

（12）第十一个八拍如下：

第一组动作如下：

①手臂动作：

1—3拍：双臂呈上H姿势，分别于右前、正前、左前三个方位各敲击一次。

4拍：左前上方垂直下压扶膝。

5—7拍：保持双手扶膝。

8拍：双臂收于大腿前方。

②步法：

1—3拍：分腿站立。

4拍：身体左转前俯身，两腿分立半蹲，重心在两脚之间，同时左脚跟提起。

5—7拍：同4拍。

8拍：双腿并步直立。

③手型：手握花球。

④面向：

1拍：右前方。

2拍：正前方。

3拍：左前方。

4—7拍：左前方。

8拍：正前方。

⑤头位：

1—3拍：眼随手走。

4—7拍：低头。

8拍：正前方。

第二组动作如下：

①手臂动作：

1—4拍：保持双手扶膝。

5—7拍：双臂呈上H姿势，分别于右前、正前、左前三个方位各敲击一次。

8拍：双臂收于大腿前方。

②步法：

1—4拍：双腿并拢屈膝。

5—7拍：分腿站立。

8拍：并步直立。

③手型：握花球。

④面向：

1—4拍：面朝下。

5拍：右前方。

6拍：正前方。

7拍：左前方。

8拍：正前方。

⑤头位：

1—4拍：低头。

5—7拍：腿随手走。

8拍：正前方。

(13)第十二个八拍如下：

①手臂动作：

1—4拍：两臂屈肘于胸前（做加油动作）。

5—6拍：两臂屈肘做短T动作。

7—8拍：双臂收于大腿前方。

②步法：

1—6拍：左右脚依次踏步。

7—8拍：还原。

③手型：手握花球。

④面向：正前方。

(14)第十三个八拍如下：

①手臂动作：

1拍：两臂由体侧摆至腹前，哒拍两臂屈肘收于腰侧。

2拍：两臂向前冲。

3拍：屈肘做短T动作并置于胸前。

4拍：右手做斜上冲拳动作，左手叉腰。

5拍：左手做斜上冲拳动作，右手叉腰。

6拍：两臂做下V动作，上体前倾。

7—8拍：向前振胸两次同时抬起上体。

②步法：

1拍：右脚经地面向前踢，哒拍屈膝收腿。

2拍：呈马步姿势。

3—5拍：保持马步小跳三次。

6—8拍：两腿分立半蹲，重心在两脚之间，同时左脚跟提起。

③手型：手握花球。

④面向：

1—5拍：正前方。

6—8拍：右前方。

⑤头位：

除6拍低头，其余均向正前方。

（15）第十四个八拍如下：

①手臂动作：

1拍：右手扶臀，左臂侧平举。

2拍：双手扶臀。

3拍：双臂斜下举。

4拍：两臂交叉于胸前。

5—6拍：两臂分开置于身体两侧。

7—8拍：双臂前举平移于胸前。

②步法：

1拍：分腿半蹲，左脚尖点地。

2拍：动作相同，方向相反。

3拍：动作同1拍。

4拍：两腿分立，右脚屈膝起踵。

5—6拍：身体左转前俯身，两腿分立半蹲，重心在两脚之间，同时左脚跟提起。

7—8拍：分腿开立。

③手型：手握花球。

④面向：

1—4拍：正前方。

5—6拍：左前方。

7—8拍：经过左前方、正前方，最后到达右前方。

⑤头位：

3拍：右侧屈。

4拍：左侧屈。

其他节拍：同身体方向。

（16）第十五个八拍如下：

①手臂动作：

1拍：右臂下伸，左臂屈肘于胸前；哒拍左臂下伸，右臂屈肘于胸前。

2拍：双臂做加油动作，哒拍做H动作。

3拍：动作同1拍，方向相反。

4拍：动作同2拍。

5—6拍：前臂上举内绕环，经右侧平移至左侧。

7拍：含胸低头，双臂屈于胸前。

8拍：双臂做上A动作。

②步法：

1拍：双腿分立，重心移至右脚。

2拍：重心在两脚之间，分腿站立。

3拍：双腿分立，重心移至左脚。

4拍：重心在两脚之间，分腿站立。

5—6拍：分腿站立。

7拍：屈膝前俯身。

8拍：跳成并步姿势。

③手型：手握花球。

④面向：

1拍：右前方。

2拍：正前方。

3拍：左前方。

4拍：正前方。

5拍：右前方。

6拍：左前方。

7拍：面朝下。

8拍：正前方。

⑤头位：

1—4拍：正前方。

5—6拍：眼随手走。

7拍：低头。

8拍：眼随手走。

（17）第十六个八拍如下：

①手臂动作：

1、3拍：右手屈肘扶于右胯，左手屈肘外摆于体侧。

2、4拍：动作相同，方向相反。

5—7拍：做下M动作。

8拍：屈肘于胸前。

②步法：

1—4拍：左、右脚依次向前走呈锁步。

5—7拍：右、左脚依次上步。

8拍：并步。

③手型：手握花球。

④面向：正前方。

（18）第十七个八拍如下：

①手臂动作：

1—2拍：侧下举。

3—4拍：屈肘于胸前（做加油动作）。

5—8拍：重复1—2拍及3—4拍动作。

②步法：

1—8拍：始终直立。

③手型：手握花球。

④面向：正前方。

（19）第十八个八拍如下：

①手臂动作：

1拍：左臂上举，右臂下举。

2—7拍：左臂带动右臂做风火轮动作。

8拍：胸前屈臂重叠。

②步法：

1—7拍：屈膝并腿，弹动，一拍一动。

8拍：站立。

③手型：手握花球。

④面向：正前方。

（20）第十九个八拍如下：

①手臂动作：

1—6拍：双臂收于大腿前方。

7—8拍：侧平举。

②步法：

1—6拍：左、右脚依次踏步向左转体360°。

7—8拍：双脚并立。

③手型：手握花球。

④面向：

1—6 拍：逆时针转 360°。

7—8 拍：正前方。

（21）第二十个八拍如下：

①手臂动作：1—8 拍手臂前侧举。

②步法：

1 拍：左侧吸腿跳。

2 拍：并腿跳。

3 拍：左踢腿跳。

4 拍：并腿跳。

5 拍：右踢腿跳。

6 拍：并腿跳。

7 拍：左踢腿跳。

8 拍：双脚并立。

③手型：手握花球。

④面向：正前方。

（22）第二十一个八拍如下：

这是一组双人配合动作，括号标注为配合动作。

①手臂动作：

1—2 拍：双手扶髋。

3—4 拍：A 向前抛花球（3—4 拍：B 两臂前平举）。

5—6 拍：A 接花球（5—6 拍：B 向后递花球）。

7—8 拍：A 上举花球（7—8 拍：B 俯身捡花球）。

②步法：

1—8 拍：分腿站立。

③手型：拿花球，递花球。

④面向：面向右方。

⑤头位：

1—2拍：A、B正前方。

3—4拍：A低头，B前方。

5—6拍：A、B前方。

7—8拍：A前方，B低头。

（23）第二十二个八拍如下：

①手臂动作：

1—4拍：右臂做高冲拳动作。

5—8拍：左手叉腰，右手随胯左、右依次摆动，一拍一动。

②步法：

1、3拍：左脚上步。

2、4拍：右脚上步。

5拍：左脚向左移动开立，双腿屈膝，右脚点地。

6—8拍：腿随髋部左、右摆动。

③手型：手握花球。

④面向：正前方。

（24）第二十三个八拍如下：

①手臂动作：

1—4拍：双臂依次向左斜下、右斜下、左斜上、右斜上推动。

5拍：侧平举，哒拍屈肘外绕环。

6拍：侧平举。

7拍：双臂收于体侧。

8拍：做X动作。

②步法：

1—4拍：左脚迈出十字步。

5—6拍：左侧身并步走。

7拍：迈左脚右后转体180°。

8拍：做左脚在前的弓步动作。

③手型：手握花球。

④面向：

1—2拍：正前方。

3拍：左前方。

4拍：右前方。

5—6拍：正前方。

7拍：左后方。

8拍：左方。

⑤头位：

1—2拍：正前方。

3—4拍：眼随手走。

5—6拍：正前方。

7拍：左后方。

8拍：左方。

（25）第二十四个八拍如下：

①手臂动作：

1拍：做高V动作，哒拍屈臂于胸前。

2拍：做倒V动作。

3—6拍：双臂收于大腿前方。

7拍：双手握花球于胸前。

8拍：双臂上举。

②步法：

1—2拍：右腿侧并步走。

3—6拍：向左后方迈步，转体180°。

7拍：并步团身半蹲。

8拍：并步提踵。

③手型：手握花球。

④面向：

1—3 拍：正前方。

4—8 拍：后方。

⑤头位：

1—3 拍：正前方。

4—8 拍：后方。

（26）结束动作如下：

①手臂：右臂于斜前下方，左臂屈肘于头部后方。

②步法：分腿站立并屈膝，左脚前脚掌点地，屈膝外开。

③手型：手握花球。

④面向：面向右方。

（三）街舞舞蹈啦啦操的动作组合

街舞舞蹈啦啦操是街舞与啦啦操的完美结合，其特点是既具备街舞的个性新潮和帅气潇洒，又不失啦啦操的热情奔放和强烈的团队意识。

街舞舞蹈啦啦操属于集体项目，练习过程中要注意动作的一致性，在成套动作中，需要按照组别来进行队形、层次的变化。

街舞舞蹈啦啦操要充分体现啦啦操的运动特征，即发力短促、制动性强等。由于街舞舞蹈啦啦操是集体项目，为了达到动作的高度一致性，啦啦操队员要更加注重手臂的控制能力和身体的制动，因此街舞舞蹈啦啦操对运动员的身体素质及综合能力要求更高一些。

街舞舞蹈啦啦操的比赛没有服装要求，成套动作风格多样、主题鲜明。比赛时也没有边线裁判员，在比赛规则规定的有效区域内，队员可以尽情展现自身及团队的个性。

1.街舞舞蹈啦啦操自编组合

（1）组合一动作如下：

第一个八拍动作如下：

1—2 拍：从右脚开始向前走三步，低头含胸，身体做向前的波浪动作，双臂垂于体侧。

3拍：重心落在右腿，左脚经前、旁、后划一圈，右手高于右肩向上划一圈。

4拍：同3拍。

5拍：左脚向右脚后面点一步，同时右脚离开地面；哒拍右脚落地。

6拍：左脚向左前方移一步，呈左脚在前的弓步姿势，两臂自然弯曲于体侧。

7拍：右脚向右移一步，呈右脚在前的弓步姿势。

8拍：胸部做一个前旁后的律动，同时抬起左腿。

第二个八拍动作如下：

1拍：左脚向右脚后面点一步，同时右脚离开地面；哒拍右脚落地。

2拍：左脚向左前方一步，呈大弓步姿势，两臂自然弯曲于体侧。

3拍：右脚向左脚前面移一步，同时两手交叉立圆绕环一周。

4拍：左脚向左一步开立，两手交叉下压于体前。

5拍：两手握拳，两臂体前交叉。

6拍：左腿抬起，前臂下垂于体侧，上臂和前臂呈90°。

7拍：右腿支撑，从左边跳转朝后，同时手臂以肘关节为轴向上摆。

8拍：同7拍。

第三个八拍动作如下：

1拍：左脚落地的同时双脚以脚掌为轴，向右顶胯，两前臂向右摆。

2拍：双脚以脚掌为轴，向左顶胯，两前臂向左摆。

3拍：以左脚为轴，右脚掌点地、顶胯，两手立掌，同时在体前由右向左绕环。

4拍：同3拍。

5拍：屈右腿，左手下摆；哒拍屈左腿，右手下压。

6拍：同5拍。

7拍：左腿抬起，双手上举。

8拍：左脚落于左前方，双手抱头。

第四个八拍动作如下：

1拍：重心在右腿，屈左腿，双手抱于胸前。

2拍：重心在左腿，屈右腿，双手扶肩。

3—4拍：右脚开始向右前方做恰恰步，同时双手从上往下摆。

5—8拍：同3—4拍，可以分组做。

（2）组合二动作如下：

第一个八拍动作如下：

1—4拍：双腿开立，一拍一换重心，双臂经体侧向上摆，经过头顶，再还原至体侧。

5拍：左脚向左一步变成半蹲姿势，双手扶膝，上体前倾。

6拍：两腿伸直。

7—8拍：同5—6拍，分组做。

第二个八拍动作如下：

1拍：左脚向左一步，双臂向右摆。

2拍：右脚并左脚。

3拍：胸部做绕环，双手扶胸腹。

4拍：双腿微屈，含胸。

5拍：右脚向前一步，左脚向右摆，同时右手托左肘，左臂从上向下摆。

6拍：左脚并右脚。

7拍：双臂体侧弯曲，上体前屈。

8拍：双脚同时跳起，开立，双臂抱肩。

第三个八拍动作如下：

1拍：右脚向前侧一步，手臂向侧外摆。

2拍：收右脚，手臂还原于体侧。

3拍：右脚向前一步，两臂侧平举。

4拍：左脚向前一步开立，双手掌根靠拢，左手指尖朝上，右手指尖朝下。

5拍：左臂上举，右臂下举。

6拍：两臂胸前平屈握拳，右臂在上，左臂在下。

7拍：吸左腿，前臂外展，拳心朝上。

8拍：吸右腿，左臂前摆内收，右臂自然后摆，两手握拳。

第四个八拍动作如下：

1—2拍：手臂依次大绕环至右斜上举。

3拍：右膝跪地，左手扶左膝，右手扶地。

4拍：左腿向左侧伸直，双手扶地。

5拍：收左腿，双手扶地。

6拍：左脚上前一步，左手扶左膝，右手扶地。双脚开始向右做恰恰步，同时双臂向上绕环。

7拍：站立，同时右脚向右一步开立，五指张开，右手斜上举，左手摆于脸侧。

8拍：左手斜上举，右手摆于脸侧。

2.街舞舞蹈啦啦操套路组合

（1）组合一动作如下：

①第一个八拍动作如下：

上肢动作：

1拍：双手握拳经胸前屈臂向后摆动。

2拍：双手在胸前击掌。

3—哒—4拍：双手握拳于体侧。

5—8拍：同1—4拍。

下肢动作：

1拍：右脚侧点地。

2拍：收回并拢。

3拍：左脚侧点地，哒拍右脚垫步。

4拍：收回并拢。

5—6拍：同1—2拍动作。

7—8拍：同3—4拍动作。

②第二个八拍动作如下：

上肢动作：

1、3拍：击腿部两侧。

2、4拍：胸前击掌。

5—8 拍：单臂依次胸前平屈（8 拍还原直立）。

下肢动作：

1—4 拍：双腿弹动。

5—8 拍：左右腿依次抬起，支撑腿保持弹动（8 拍还原直立）。

③第三个八拍动作如下：

上肢动作：

1 拍：双臂侧举。

2 拍：双臂胸前交叉。

3—4 拍：向侧振臂两次。

5 拍：同 2 拍。

6 拍：同 1 拍。

7—8 拍：胸前交叉振臂两次。

下肢动作：

左脚向侧迈出同时做双脚弹动。

④第四个八拍动作如下：

上肢动作：两臂自然摆动。

下肢动作：

1—4 拍：向前走步。

5—8 拍：双腿弹动。

（2）组合二动作如下：

①第一个八拍动作如下：

上肢动作：

1—2 拍：双臂侧平举并向前振胸两次。

3—4 拍：双臂胸前平屈并振胸两次。

5—6 拍：同 1—2 拍。

7—8 拍：同 3—4 拍。

下肢动作：

1—2 拍：右脚向侧迈出同时弹动。

3—4拍：收回并拢。

5—6拍：同1—2拍，方向相反。

7—8拍：同3—4拍。

②第二个八拍动作如下：

上肢动作：

1拍：双臂侧平举。

2拍：双手屈臂于胸前。

3拍：同1拍，方向相反。

4拍：同2拍。

5拍：右臂肩侧屈。

6拍：双臂肩侧屈。

7拍：双手顺身体两侧穿下。

8拍：还原，直立。

下肢动作：

1拍：左后侧并步。

2拍：并腿下蹲。

3拍：同1拍，方向相反。

4拍：同2拍。

5拍：右脚向右侧迈出。

6拍：左脚向左侧迈出。

7拍：原地不动。

8拍：小跳收回，并拢。

③第三个八拍动作如下：

上肢动作：

1拍：头转向右侧。

2拍：还原。

3—哒—4拍：从右至左依次绕肩。

5拍：头转向左侧。

6拍：还原，手臂始终放松于体侧，从右至左依次绕肩。

7—哒—8拍：右左脚依次向前走三步。

下肢动作：

1拍：右脚向侧点地。

2拍：收回并拢。

3—哒—4拍：左右脚依次向前走三步，同时收回并拢。

5—6拍：同1—2拍，方向相反。

7—哒—8拍：左右脚依次向前走三步。

④第四个八拍动作如下：

上肢动作：

1—2拍：双臂侧屈向右前振胸两次。

3—4拍：同1—2拍，方向相反。

5—6拍：胸部向前左右依次绕环。

7拍：双臂体前交叉。

8拍：还原。

下肢动作：

1—4拍：右脚向侧迈出同时弹动四次。

5—6拍：双脚开立。

7拍：左腿向前弹踢，同时右腿向后跳起。

8拍：并拢还原。

（3）组合三动作如下：

①第一个八拍动作如下：

上肢动作：

1—2拍：左臂胸前平屈。

3—4拍：右臂胸前平屈。

5—6拍：做由膝关节至头部的身体波浪动作。

7—8拍：还原成直立姿势。

下肢动作：

1—哒—2 拍：右脚向右斜前方迈出，同时髋部向右斜前方顶两次。

3—哒—4 拍：同 1—哒—2 拍，方向相反。

5—6 拍：右脚收回并拢。

7—哒—8 拍：左右脚依次向后走步并回到正面。

②第二个八拍动作如下：

上肢动作：

1 拍：两臂肩侧屈。

2 拍：身体转至右斜前方。

3—4 拍：手臂经两侧至体前下屈。

5—8 拍：同 1—4 拍，方向相反。

下肢动作：

1—4 拍：右脚向右侧迈出，双脚开立。

5—8 拍：同 1—4 拍，方向相反。

③第三个八拍动作如下：

上肢动作：

1 拍：右臂屈至右耳旁，经体前伸至左侧。

2 拍：双臂腹前交叉。

3 拍：双臂耳侧屈。

4 拍：双臂绕落至体后，拍手。

5—8 拍：同 1—4 拍。

下肢动作：

1 拍：左脚侧点地，做右弓步动作。

2 拍：动作同 1 拍，方向相反。

3—4 拍：双脚轮换踏步并弹动两次。

5—8 拍：动作同 1—4 拍。

④第四个八拍动作如下：

上肢动作：

1—4拍：手臂自然摆动，哒—4拍击掌两次。

5—8拍：动作同1—4拍。

下肢动作：

走步（可以变换队形）。

（4）组合四动作如下：

①第一个八拍动作如下：

成员A上肢动作：

1拍：双臂肩侧屈。

2拍：双臂肩下屈。

3—4拍：上臂不动，前臂经前绕环一周半。

5—6拍：同1—2拍，方向相反。

7—8拍：同3—4拍，方向相反。

成员A下肢双脚开立。

成员B上肢动作：

1拍：双臂肩下屈。

2拍：双臂肩侧屈。

3—4拍：上臂不动，前臂经后绕环一周。

5—8拍：动作同1—4拍，方向相反。

成员B下肢双脚开立。

②第二个八拍动作如下：

成员A上肢动作：

1—3拍：双臂自然摆动。

4拍：身体直立，双手自然下垂。

5拍：右臂微屈，提右手与肩平。

6拍：双臂微屈，提双手与肩平。

7拍：右手前弹动。

8拍：同6拍。

成员A下肢动作：

1—3拍：走动。

4—8拍：双脚与肩同宽站立。

成员B上肢动作：

1—3拍：双臂自然摆动，身体前屈。

4拍：身体前屈，双手撑膝关节。

5拍：右臂侧举，前臂下垂。

6拍：左臂侧举，前臂下垂。

7拍：抬头。

8拍：低头，身体保持前屈。

成员B下肢动作：

1—3拍：走动调队形。

4拍：双脚开立与肩同宽，做马步动作。

5—8拍：保持马步姿势。

③第三个八拍动作如下：

成员A上肢动作：

1拍：双臂微屈胸前提。

2拍：双臂微屈胸前放。

3—4拍：双臂头顶交叉后还原到两侧。

5拍：与人配合击右掌。

6拍：击左掌。

7—8拍：身体左侧波浪。

成员A下肢动作：

1—2拍：双脚跳起向右转体90°。

3—4拍：原地不动。

5—6拍：原地站立。

7—8拍：左侧并步。

成员 B 上肢动作：

1—2 拍：双臂屈、提肘侧平举。

3—4 拍：双臂自然下垂。

5 拍：击左掌。

6 拍：击右掌。

7—8 拍：身体右侧波浪。

成员 B 下肢动作：

1—2 拍：双脚跳起向左转体 90°。

3—4 拍：踏步向左转体 180°。

5—6 拍：原地站立。

7—8 拍：右侧并步。

④第四个八拍动作如下：

成员 A 上肢动作：

1 拍：双手击掌。

2 拍：双臂后摆。

3—4 拍：重复 1—2 拍。

5 拍：左手向上、右手向下（与人配合）击掌。

6 拍：重复 5 拍，方向相反。

7—8 拍：双手在头顶相握。

成员 A 下肢动作：

1—2 拍：右脚向前点地。

3—4 拍：左脚向前点地。

5—6 拍：原地分腿站立。

7 拍：向右跳转 90°，哒拍向右摆髋。

8 拍：髋部还原。

成员 B 上肢动作：

1 拍：双手击掌。

2 拍：双臂后摆。

3—4拍：重复1—2拍。

5拍：右手向上、左手向下（与人配合）击掌。

6拍：同5拍，方向相反。

7—8拍：在头顶击掌1次。

成员B下肢动作：

1—2拍：右脚向前点地。

3—4拍：左脚向右前点地。

5—6拍：原地分腿站立。

7拍：向左跳转90°，哒拍向左摆髋。

8拍：髋部还原。

（5）组合五动作如下：

①第一个八拍动作如下：

上肢动作：1—8拍，两臂自然摆动。

下肢动作：走步（可以变换队形）。

②第二个八拍动作如下：

上肢动作：

1—2拍：双臂经体前向侧绕环。

3拍：向右侧顶肩。

4拍：向左侧顶肩。

5拍：两臂肩侧屈。

6拍：两臂由屈变直，置于身体斜下方。

7拍：两臂紧贴身体两侧。

8拍：右臂自然放于腿上，左臂贴身不动。

下肢动作：

1—2拍：右脚向右侧迈出，呈开立姿势，同时双腿弹动。

3—4拍：双腿保持开立。

5拍：左脚跳换至右脚后侧。

6拍：不动。

7拍：向左侧转体90°。

8拍：双腿下蹲。

③第三个八拍动作如下：

上肢动作：

1—2拍：两臂紧贴身体两侧。

3拍：左臂上举。

4拍：屈左臂。

5—6拍：两臂肩侧屈。

7拍：右臂经左臂划过胸前，平屈，左臂从胸前划过至身体左侧。

8拍：还原成直立。

下肢动作：

1—2拍：提踵，吸左腿，向右侧旋转360°。

3拍：左脚落地。

4拍：右腿抬至胸前。

5拍：右脚后跟于左前方点地，哒拍左脚并拢收回。

6拍：同5拍。

7拍：左脚向右前方跨步。

8拍：收回并拢。

④第四个八拍动作如下：

上肢动作：

1拍：左手屈臂，自右到左从胸前划过。

2拍：右臂自左向右从胸前划过。

3拍：双臂自右向左从胸前划半圆。

4拍：收回至身体两侧。

5—8拍：同1—4拍，方向相反。

下肢动作：

1拍：右脚向右侧迈出，左脚并步收拢。

2拍：左脚向左侧迈出，右脚并步收拢。

3 拍：右脚向右侧迈出。

4 拍：并步收拢。

5—8 拍：同 1—4 拍，方向相反。

（6）组合六动作如下：

①第一个八拍动作如下：

上肢动作：

1 拍：双臂微屈前伸。

2 拍：双臂侧平举。

3—4 拍：动作同 1—2 拍。

5—8 拍：两臂经前向两侧张开四次。

下肢动作：

1 拍：右脚向前弹踢，哒拍右脚向前迈步。

2 拍：左脚侧点地。

3—4 拍：动作同 1—2 拍，方向相反。

5 拍：右脚向后撤步，右脚落地同时左脚抬起；哒拍左脚落地右脚抬起。

6 拍：动作同 5 拍。

7—8 拍：同 5—6 拍，方向相反。

②第二个八拍动作如下：

上肢动作：

1 拍：左臂胸前屈，右臂握拳下伸。

2 拍：双臂握拳在胸前屈。

3—4 拍：手臂放松至体侧。

5 拍：双臂在胸前平屈重叠。

6 拍：右前臂抬起。

7 拍：同 5 拍，哒拍动作同 6 拍。

8 拍：同 5 拍。

下肢动作：

1 拍：右脚向右侧踢腿。

2拍：收回并腿。

3拍：左脚向前弹踢。

4拍：双脚开立。

5拍：双脚开立脚尖向内，同时膝关节内扣。

6拍：双脚开立脚尖向外，同时膝关节外展。

7拍—哒—8拍：向左侧移动三次。

③第三个八拍动作如下：

上肢动作：

1拍：双臂侧摆动。

2拍：击掌。

3拍：同1拍，方向相反。

4拍：同2拍。

5—8拍：同1—4拍。

下肢动作：

1拍：右脚向左侧迈步。

2拍：左脚并拢。

3拍：左脚向右前迈出。

4拍：右脚并拢。

5—8拍：同1—4拍。

④第四个八拍动作如下：

上肢动作：

1—2拍：双臂经体前交叉至身体两侧。

3—4拍：动作相同。

5拍：单手触地。

6—7拍：双臂垂于身体两侧。

8拍：造型动作（可随意）。

下肢动作：

1—哒—2拍：双脚从右至左依次向右后方退三步。

3—哒—4拍：同1—哒—2拍，方向相反。

5拍：右膝跪地下蹲。

6拍：双脚跳至开立。

7—哒—8拍：右脚单跳同时转体360°开立。

（四）爵士舞蹈啦啦操动作组合

爵士舞是一种极具表现力和自由度的舞蹈，不受任何固定形式的限制，融合了多种舞蹈技巧。在爵士乐的节奏下，爵士舞者们能够自由地表达内心的情感，让身体随着音乐舞动，展现出艺术的多样性和丰富性。这种舞蹈风格充满活力，富有激情，每一个动作都散发着自由和个性的气息。无论是欢快的旋律还是深情的曲调，爵士舞都能完美地诠释出音乐与舞蹈的和谐之美。它不仅仅是一种舞蹈，更是一种追求自由、表达情感、享受生活的艺术方式。

1. 爵士舞啦啦操自编组合

统一预备动作：双脚打开。

（1）组合一动作如下：

第一个八拍动作：

1拍：右脚内扣，右胯向上提，两手臂斜上摆，掌心朝上。

2拍：左脚内扣，左胯向上提，两手臂斜上摆，掌心朝上。

3拍：两腿微屈，身体右转，两臂胸前交叉，头向左摆。

4拍：同3拍，头回到原位。

5拍：两手臂在体侧微屈，掌心朝上。

6拍：右脚抬起，右手扶右脚，头向右摆。

7拍：右脚并左脚，两臂还原于体侧。

8拍：体前屈，两臂垂于脚背的方向。

第二个八拍动作：

1拍：右脚向右一步，屈膝向左顶胯，左手叉腰，右手扶膝，头向上看。

2拍：身体还原直立姿势，屈右膝，左手叉腰，右手垂于体侧。

3拍：重心在两脚之间，手臂在胸前平屈，拳心朝下。

4拍：手臂侧平举。

5拍：手臂伸直，双手交叉举于头上。

6拍：屈左腿、顶右胯。

7拍：同5拍。

8拍：同6拍。

第三个八拍动作：

1拍：身体右转，两脚并拢，两手臂在体前伸直，掌心朝上，头向后仰。

2拍：手臂还原至体侧，低头。

3拍：左脚后退一步，屈右腿，左手叉腰，右手手背贴于额前，头向后仰。

4拍：吸左腿，手臂同3拍，头向右摆。

5拍：同3拍。

6拍：同4拍。

7拍：左脚落地，呈两脚开立姿势，右手叉腰，左臂胸前屈。

8拍：左腿抬起，两手叉腰，头向右看。

第四个八拍动作：

1拍：左脚向前，右脚向后抬起，同时手臂自头上向左摆。

2拍：右脚落于左脚右侧，双腿屈，顶左胯，双手叉腰。

3拍：左脚向前一步，同时双手交叉，举于体前。

4拍：还原成直立姿势。

5拍：左脚后抬起的跑跳步。

6拍：右脚后抬起的跑跳步。

7拍：同5拍。

8拍：同6拍。

（2）组合二动作如下：

第一个八拍动作：

1拍：吸左腿，左手叉腰，头向右倒。

2拍：左腿向后退一步，做右脚在前的弓步动作。

3拍：左脚向前一步，手臂摆于身体两侧。

4拍：右脚向右一步，重心在右脚，两臂举于身体右侧，掌心相对。

5拍：重心移至左腿，两腿屈，向左顶胯，左手叉腰。

6拍：重心移至两腿中间，双手叉腰。

7拍：两腿成开立姿势，双手于胸前平屈，低头。

8拍：左腿屈膝并右腿，脚尖点地，左臂平屈于脸前，右手扶于头后。

第二个八拍动作：

1拍：向右顶胯，右手叉腰，左手顺着大腿滑向脚背。

2拍：抬头，身体波浪起。

3拍：重心落在左腿，顶胯，双手叉腰。

4拍：重心落右脚，双手叉腰。

5拍：同3拍。

6拍：同4拍。

7拍：同3拍。

8拍：同4拍。

第三个八拍动作：

1拍：左脚向后退一步，呈马步姿势，两臂胸前屈，前臂竖直向上，掌心相对。

2拍：右脚后退一步，两脚开立，两手握拳，下放于体侧。

3拍：身体右转蹲，两臂垂于体侧，头向前看。

4拍：身体直立，两手叉腰。

5拍：右腿吸起绕至左边，右手叉腰，左手在右膝处。

6拍：右脚落于左脚的左边，身体继续左转，背朝观众，两手叉腰。

7拍：微屈右腿，上体左转，左手叉腰，头转向身后。

8拍：同7拍，方向相反。

第四个八拍动作：

1拍：以右脚为轴，经右面转身至两脚开立，手臂胸前屈，两手相触，头向左转。

2拍：左腿后踢，头向右摆，两手五指并拢，向体侧摆。

3拍：左脚落到右脚左边，脚掌点地，两臂伸直向左前方摆，右臂平举，左臂斜下，掌心朝内。

4拍：两腿屈，重心放右脚，向右顶胯，左臂不动，右臂经前向上、向后绕环一周。

5拍：向左顶胯，左手放体后，右手放体前。

6拍：同5拍，方向相反。

7拍：体前屈，两手扶脚踝。

8拍：身体直立，两臂体前屈成弧形，手心相对。

（3）组合三动作如下：

第一个八拍动作：

1拍：屈左腿，顶右胯，左手抱于头后，右手举于体侧，手腕下压。

2拍：腿直立，左手叉腰，右手左斜前举。

3拍：左手叉腰，右手肩上屈。

4拍：右手摆至体侧。

5拍：右脚向前走一步，两腿屈，同时两臂体侧屈，手心朝上。

6拍：左脚向右一步，两手握拳，摆于体侧。

7拍：右脚向右一步开立，两手背身后。

8拍：左手扶头，身体右转。

第二个八拍动作：

1拍：以右脚为重心，后转180°，两手抱于头后。

2拍：屈膝蹲，身体右转，左手叉腰，右手抱头。

3拍：站起来的同时左脚向前走，左手摸脖子，右手仍在头后。

4拍：右脚向前一步开立，两手放在胸部位置。

5拍：左脚并右脚，同时左手背身后，右手在腹前。

6拍：右脚向前一步，两手交叉于体前。

7拍：左脚向前一步，两手交叉，手臂伸直，举于头上。

8拍：屈腿，身体前屈，低头含胸，左手扶脚踝，右手叉腰。

第三个八拍动作：

1拍：右脚向右一步开立，两手臂快速向右伸直，分别斜上、斜下举，五指张开，头向右倒。

2拍：屈两腿，向左顶膝，两手叉腰，头向左倒。

3拍：同1拍。

4拍：同2拍。

5拍：左脚并右脚，两臂肩侧屈，上臂平于肩，两手在耳边。

6拍：右脚向左斜前方迈一步，左前臂平屈于脸前，右前臂平屈于头后。

7拍：同6拍，方向相反。

8拍：同2拍。

第四个八拍动作：

1拍：吸左腿，同时两臂头上举，两手握拳，拳心相对。

2拍：两前臂在胸前平屈，拳心朝下。

3拍：左脚落在体前，两臂放于体侧。

4拍：左脚后退一步，屈膝，胯向左顶，两臂头上向左摆。

5拍：右脚后退一步，屈膝，胯向右顶，两臂头上向右摆。

6拍：右脚向前走，两臂背身后，左肩向前提。

7拍：左脚向前走，两臂背身后，右肩向前提。

8拍：右脚并左脚，同时两臂体侧弯曲，手心朝上。

2.爵士舞蹈啦啦操套路组合

（1）预备动作如下：

1—2拍：左脚支撑，右脚尖身后点地，双手做爵士舞蹈手型，放于斜后下方。

3—4拍：右转180°，右脚支撑，左脚尖身后点地，右手掌放于额前，掌心向外，左手保持原来姿势。

（2）第一个八拍动作如下：

①上肢动作：

1—3拍：左臂保持斜下伸姿势不动，右手立掌从右下经左上绕环一周放于体侧，同时上体向左拧转并向右后方倾斜45°。

4拍：回到直立位置。

5—6 拍：双臂打开随节拍过渡到 7—8 拍。

7—8 拍：右臂斜上举，掌心向外，左臂侧平举，掌心向下，身体向左侧微屈，抬头眼看右手。

②下肢动作：

1—4 拍：迈右脚开立，略宽于肩。

5—8 拍：不动。

③手型：爵士舞蹈手型。

④面向：

1—3 拍：左前方。

4—5 拍：正前方。

6—8 拍：右前方。

（3）第二个八拍动作如下：

①上肢动作：

1—3 拍：双手经体侧由下至上侧上举，掌心向上。

4 拍：双手放于斜后下方，掌心向内。

5—6 拍：双手放于侧下方，不动。

7—8 拍：右手提肘伸至上举，掌心向外，左手保持原来姿势。

②下肢动作：

1—3 拍：从右脚开始向前走三步。

4 拍：重心移至右脚，左脚尖后点地，双腿弯曲，上体前屈。

5—8 拍：左右转同时上体直立，以左脚开始行进，转体 450°，重心放于右脚，左脚尖点地靠于右脚。

③手型：爵士舞蹈类型。

④面向：

1—4 拍：正前方。

5—6 拍：同身体方向。

7—8 拍：左方。

（4）第三个八拍动作如下：

①上肢动作：

1—4拍：左手背于身后，右臂上臂紧靠身体，前臂自然向外弹动四次，伴随响指。

5—6拍：右臂向侧下弹动一次，伴随响指。

7—8拍：换手，动作相同。

②下肢动作：

1—4拍：右脚向前迈步，左脚点地靠于右腿，左脚继续向前迈步，右脚点地靠于左腿。

5—6拍：上右脚，左脚侧点地。

7—8拍：上左脚，右脚侧点地。

③手型：爵士舞蹈手型。

④面向：

1—5拍：正前方。

6拍：右前方。

7拍：正前方。

8拍：左前方。

（5）第四个八拍动作如下：

①上肢动作：

1拍：右臂上举，掌心向外；哒拍右臂经胸前屈臂至右肩上方。

2拍：双臂斜下举，掌心向内。

3—哒—4拍：同1—哒—2拍，方向相反。

5—7拍：双臂由下至侧上举，掌心向内。

8拍：右手前下，左手斜后下，掌心向外。

②下肢动作：

1拍：右脚向右侧迈一步；哒拍双腿屈膝，顶右胯，重心移至右脚。

2拍：保持不动。

3—哒—4拍：同1—哒—2拍，方向相反。

5—8拍：从右脚开始向后退四步，8拍重心放至左脚，右脚侧点地。

③手型：爵士舞蹈手型。

④面向：

1—7拍：正前方。

8拍：左方。

（6）第五个八拍动作如下：

①上肢动作：

1—2拍：双臂经体侧上举，掌心向外。

3—4拍：动作同1—2拍。

5—6拍：双手放于斜后下方，掌心向内。

7—8拍：右臂侧平举，掌心向下，左臂贴于体侧。

②下肢动作：

1拍：重心落在两腿之间，屈膝半蹲。

2拍：右腿单腿支撑向右转90°，左脚侧后摆。

3拍：落地，重心回到两腿之间，双腿微屈。

4拍：以左脚为轴，右转360°右脚控制于斜下45°。

5—6拍：落地后，从右脚开始向前走两步。

7拍：重心放于右腿，右腿微屈，左脚同时侧点地。

8拍：不动。

③手型：爵士舞蹈手型。

④面向：

1拍：后方。

2拍：正前方。

3拍：后方。

4拍：同身体方向。

5—8拍：后方。

(7) 第六个八拍动作如下：

①上肢动作：

1—2 拍：双手由下至上举，互握。

3—4 拍：双臂经体侧放至斜后，掌心向内，上体向后下弯腰。

5—6 拍：双手在胸前平屈，掌心向外，上体前屈 90° 从右至左移动。

7 拍：向斜下方甩前臂。

8 拍：快速制动。

②下肢动作：

1—2 拍：双腿并拢提踵。

3—4 拍：双腿跳成前后开立姿势。

5—6 拍：开立不动。

7 拍：右脚向左前方迈一步，重心移至右脚，左脚点地。

8 拍：不动。

③手型：

1—7 拍：爵士舞蹈手型。

8 拍：双手握拳。

④面向：

1—4 拍：右方。

5—6 拍：同身体方向。

7—8 拍：左前方。

(8) 第七个八拍动作如下：

①上肢动作：

1—2 拍：双手经胸前至侧平举，掌心向下。

3 拍：左手背于体后，右手直臂向下放于腹前，掌心向内，低头。

4 拍：抬头。

5—7 拍：左手从下至侧平举，掌心向下，右手从外绕至斜后上举，掌心向外。

8 拍：左手平举不动，右手经头上绕至体前放于左手上，掌心向上。

②下肢动作：

1—2拍：右脚向右侧跳一小步，左腿侧摆腿45°。

3—4拍：左脚交叉落于右脚前，双腿微屈。

5—7拍：从右脚开始向后退三步。

8拍：左脚向左侧迈一步，开立。

③手型：爵士舞蹈手型。

④面向：

1—4拍：正前方。

5—7拍：前方。

8拍：正前方。

（9）第八个八拍动作如下：

①上肢动作：

1—2拍：双手交叉于胸前不动，头从左至右绕环一周。

3—4拍：双手从前经下侧上举。

5—6拍：右手背于身后，左手从右向左平推开，掌心向外。

7—8拍：右手从左耳经脸前划过至斜下。

②下肢动作：

1—2拍：双脚开立不动。

3—4拍：右脚向左前迈一步。

5—6拍：左脚向右前迈一步。

7—8拍：右脚向前迈一步。

③手型：爵士舞蹈手型。

④面向：正前方。

（10）第九个八拍动作如下：

①上肢动作：

1—4拍：两上臂侧平举，弯曲两前臂，指尖触肩。

5—6拍：双手开掌屈肘于肩前，同时振胸两次。

7—8拍：双手放于体侧。

②下肢动作：

1—4 拍：向左（右）平转两周。

5—6 拍：右脚向侧方迈一步，重心放于右腿，双膝微屈。

7—8 拍：右（左）脚拖步至两脚前后紧贴站立。

③手型：爵士舞蹈手型。

④面向：

1—4 拍：同身体方向。

5—6 拍：右前方。

7—8 拍：正前方。

（11）第十个八拍动作如下：

①上肢动作：

队员 A：

1 拍：头向左转，身体向左拧转，双手放于体侧不动。

2—4 拍：身体回到直立位置，抬头。

5—8 拍：双手同 1—4 拍。

队员 B：

1 拍：左手由胸前推至侧平举，头向右转，身体向右拧转。

2 拍：身体回到直立位置，同时右臂在胸前平屈，掌心向外放于队员 A 的脸前位置。

3 拍：左臂在队员 A 胸前平屈，置于右手下方。

4 拍：双手上下分开。

5—8 拍：手顺势撑地。

②下肢动作：

队员 A：

1 拍：向左迈一步。

2 拍：身体回到直立位置，同时双腿并拢。

3—4 拍：不动。

5—8拍：左脚开始向左后行进四步，同时转体540°绕至队员B的右后侧，双脚并拢。

队员B：

1拍：向后迈一步，身体向右侧倾。

2—3拍：身体回到直立位置，分腿直立。

4拍：双腿屈膝。

5—8拍：顺势下地左转360°侧身，双腿弯曲。

③手型：

队员A：始终保持爵士舞蹈手型。

队员B：

1拍：爵士舞蹈手型。

2—4拍：开掌。

5—8拍：爵士舞蹈手型。

④面向：

队员A面对方向：

1—4拍：正前方。

5—8拍：后方。

队员B面对方向：

1—4拍：正前方。

5—8拍：下地后定位到左前方。

（12）第十一个八拍动作如下：

①上肢动作：

队员A：

1—2拍：右手由胸前屈臂推至侧下方立掌，头看向左肩前下方，两人掌心靠拢。

3—4拍：掌心转向上，头看向对方，手臂与对方交叉。

5—8拍：保持爵士舞蹈手型。

队员 B：

1—2 拍：左手转体撑地，右手由胸前屈臂推至侧平举，立掌，头看向左肩前下方。

3—4 拍：掌心转向上，头看向对方，手臂与对方交叉。

5—8 拍：保持爵士舞蹈手型。

②下肢动作：

队员 A：

1—2 拍：开腿站立。

3—4 拍：重心移至右脚。

5—7 拍：向左走四步。

8 拍：面向正前方双脚并拢站好。

队员 B：

1—4 拍：保持坐姿不动。

5—8 拍：右后转体 360° 起立，身体直立。

③手型：爵士舞蹈手型。

④面向：

队员 A 面对方向：

1—4 拍：后方。

5—7 拍：左方。

8 拍：正前方。

队员 B 面对方向：

1—4 拍：正前方。

5—8 拍：转身站起来面向正前方。

（13）第十二个八拍动作如下：

队员 B 只参与前四拍。

①上肢动作：

队员 A：

1 拍：双臂侧下举。

2拍：双臂侧上举。

3拍：双臂侧下举。

4拍：双臂侧上举。

5—6拍：双手由下向上抬起至侧上举。

7拍：双臂在头后屈肘交叉。

8拍：双手在侧下方打开，掌心向内。

队员B：

1—2拍：双臂侧上举。

3—4拍：双臂侧下举。

②下肢动作：

队员A：

1—2拍：右脚开始向右移动，先前交叉再迈步。

3—4拍：重复1—2拍动作。

5—7拍：从右脚开始，向右前方走三步。

8拍：重心移至右脚，左脚后点地。

队员B：

1—2拍：左脚开始向侧迈步后再前交叉。

3—4拍：同1—2拍。

③手型：爵士舞蹈手型。

④面向：

1—4拍：两人都面向正前方。

5—8拍：队员A面向右前方。

（14）第十三个八拍动作如下：

①上肢动作：

1—2拍：双手从下经过身体前方绕环，侧下举，同时头向右屈，拧身顶右胯。

3—4拍：右后转180°侧平举。

5—6拍：双手握拳上举。

7—8拍：左后转体180°，芭蕾五位手型。

②下肢动作：

1—2拍：右脚向前迈步，重心移至右脚，左腿屈膝，左脚后点地。

3拍：并步。

4—7拍：从左脚开始向前上三步。

8拍：先前摆右脚，左脚支撑左后转体180°，再变成右腿在后。

③手型：爵士舞蹈手型、芭蕾舞蹈手型。

④面向：

1—2拍：正前方。

3—7拍：后方。

8拍：右前方。

（15）第十四个八拍动作如下：

①上肢动作：

1—2拍：双手放于体侧。

3—4拍：两臂从胸前向外平推做侧平举，掌心向外。

5拍：右手保持芭蕾一位手型，左手保持芭蕾七位手型。

6—7拍：双手侧平举。

8拍：保持芭蕾一位手型。

②下肢动作：

1—2拍：从右脚开始向右前方走两步。

3—4拍：右脚向右前拖步。

5拍：左脚向右前上步。

6拍：击足跳。

7—8拍：落地时右脚在前，芭蕾五位站姿。

③手型：

1—2拍：爵士舞蹈手型。

3—4拍：立掌。

5—8拍：芭蕾舞蹈手型。

④面向：

1—6 拍：右前方。

7—8 拍：正前方。

（16）第十五个八拍动作如下：

①上肢动作：

1—2 拍：双手立掌由下至上向外打开，双臂侧下举。

3 拍：双臂侧上举。

4 拍：同 3 拍。

5—6 拍：双手握拳向上冲拳。

7 拍：双臂侧平举。

8 拍：芭蕾五位手型。

②下肢动作：

1—2 拍：右脚向前迈一步，左脚后点地屈膝，重心移至右脚。

3 拍：并步跳。

4 拍：右脚落于左脚前。

5—6 拍：向前跨跳。

7 拍：左脚向前迈步。

8 拍：向左转体 180°，右脚后退。

③手型：芭蕾舞蹈手型。

④面向：

1—2 拍：左前方。

3—7 拍：左后方。

8 拍：右前方。

（17）第十六个八拍动作如下：

①上肢动作：

1—2 拍：向左转体 180°，右脚后退。

3—5 拍：双手控于斜下位置。

6 拍：芭蕾五位手型。

7—8拍：双手放于体侧。

②下肢动作：

1—2拍：保持第十五个八拍的8拍动作（向左转体180°，右脚后退）不动。

3—5拍：向后走两步。

6拍：控后腿。

7拍：左脚向前迈一步。

8拍：并腿。

③手型：芭蕾舞蹈手型。

④面向：

1—2拍：正前方。

3—6拍：转身后，回到右前方。

7—8拍：正前方。

（18）第十七个八拍动作如下：

①上肢动作：

1拍：双手握拳，经肩上屈，前臂向前弹动一次；哒拍双臂握拳屈肘于胸前。

2拍：双臂打开侧平举。

3拍：双臂在胸前交叉，绕环一周。

4拍：左臂侧平举，右臂继续绕环一周。

5—6拍：左手背于背后，右手掌心向上、向内绕至胸前微屈肘。

7拍：左手经体前向侧平推，掌心向外，右手背于背后。

8拍：左手掌心向内微屈肘，右手握拳敲击左手掌心。

②下肢动作：

1拍：上右脚。

2拍：左脚并右脚。

3—4拍：左脚侧迈一步开立。

5—6拍：重心移至左腿，双腿微屈。

7拍：左脚向前迈步。

8拍：右脚并左脚。

③手型：

1—4拍：握拳。

5—7拍：爵士舞蹈手型。

8拍：左手爵士舞蹈手型，右手握拳。

④面向：

1—4拍：正前方。

5—6拍：左方。

7拍：右前方。

8拍：正前方。

（19）第十八个八拍动作如下：

①上肢动作：

1—4拍：双手放于体侧斜下方。

5拍：双手于体侧由下至上，微屈肘变侧上举；哒拍保持芭蕾三位手型。

6拍：双臂放于体侧。

7—8拍：双手直臂，由下经体前向上推出至上举，掌心向外。

②下肢动作：

1—4拍：从右脚开始右后转，走四步，行进间转体720°。

5拍：右脚向右迈步，双腿微屈，身体向左拧转；哒拍并脚，重心在两脚之间。

6—7拍：左脚向左侧迈步，身体向右拧转。

8拍：回正，并脚。

③手型：爵士舞蹈手型。

④面向：

1—4拍：转体720°后回到正前方。

5—6拍：正前方。

7拍：右前方。

8拍：正前方。

（20）第十九个八拍动作如下：

①上肢动作：

1—3拍：双手由上举慢慢打开变成侧平举，以胸带动身体向左拧转，掌心向上，微屈肘。

4拍：双手放于体侧。

5—6拍：双手在胸前握拳，向前弹动一次，收于体侧。

7拍：双手在胸前平屈，拳心向下，上体顺势前倾。

8拍：双手放于体侧，掌心向内。

②下肢动作：

1—3拍：双腿直立，身体向左拧转90°。

4拍：直立。

5—6拍：右脚向右后方退一步，并左脚。

7—8拍：左脚向前交叉上步，右脚内扣踢腿。

③手型：

1—4拍：爵士舞蹈手型。

5—6拍：握拳。

7—8拍：爵士舞蹈手型。

④面向：

1—3拍：同身体方向。

4拍：前方。

5拍：左前方。

6拍：正前方。

7—8拍：左前方。

（21）第二十个八拍动作如下：

①上肢动作：

1—2拍：双手控于体侧。

3—6拍：左手放于体侧，右手上下弹动各两次，伴随响指。

7拍：双手握拳，向前滑动一次。

8拍：左手背于身后，拳心朝后，右手握拳经腰间，向下冲出至胸前。

②下肢动作：

1拍：左脚点地，双腿微屈。

2拍：头向右屈。

3—6拍：重心起落各两次。

7拍：左脚向左迈步。

8拍：右脚向左后交叉点地。

③手型：

1—6拍：爵士舞蹈手型。

7—8拍：握拳。

④面向：

1—6拍：左前方。

7—8拍：正前方。

（22）第二十一个八拍动作如下：

①上肢动作：

1—6拍：双手握拳控于体侧，右、左肩依次上提，然后胸由右至左划一周。

7—8拍：左手不动，右手从左耳经脸前划过至斜下。

②下肢动作：

1拍：右脚向左迈步，重心推到右脚。

2拍：变换重心。

3—6拍：保持开立不动。

7拍：左脚向前迈步，重心移至左脚。

8拍：不动。

③手型：

1—6拍：握拳。

7—8拍：爵士舞蹈手型。

④面向：

1—6拍：正前方。

7—8拍：右前方。

（23）第二十二个八拍动作如下：

①上肢动作：

1拍：两臂侧下举。

2—4拍：左手撑地，随身体动作顺势下地右转，变成双手体前撑地。

5—6拍：双臂前撑地，不动。

7拍：左手随身体转动向后撑地；哒拍左手单臂撑地，右臂控于体侧。

8拍：双手放于体侧。

②下肢动作：

1—4拍：双腿下蹲，同时右后转变成侧坐地。

5拍：踢左腿。

6拍：左脚点地。

7—8拍：起立，右脚支撑，左脚后点地。

③手型：爵士舞蹈手型。

④面向：

1—6拍：同身体方向。

7—8拍：起立后面向右方。

（24）第二十三个八拍动作如下：

①上肢动作：

1拍：双臂侧平举，掌心向下。

2拍：右臂云手，左臂不动。

3拍：双臂自然放于体侧。

4拍：双臂前平举，掌心向下。

5—8拍：双臂侧下举。

②下肢动作：

1拍：左脚向左侧迈步。

2拍：巴塞转体270°。

3拍：右脚落于左脚后。

4拍：左脚前水平控腿。

5拍：左转90°，左脚落于体侧开立。

6—8拍：右脚从左至右片腿，落成后点地。

③手型：

1—4拍：芭蕾舞蹈手型。

5—8拍：爵士舞蹈手型。

④面向：

1拍：正前方。

2拍：左方。

3—4拍：右方。

5—6拍：正前方。

7—8拍：右前方。

（25）第二十四个八拍动作如下：

①上肢动作：

1拍：右手经前向后绕，变成斜下举，左手顺势前上举。

2拍：双臂侧平举。

3—6拍：双手后斜下举，不动。

7—8拍：双手斜上举

②下肢动作：

1—2拍：脚下保持上一个八拍的8拍姿势不动。

3—6拍：从右脚开始右转180°，走四步，左脚直立，右脚后点地。

7拍：右脚向右一步。

8拍：左脚侧点地

③手型：爵士舞蹈手型。

④面向：

1—2拍：右前方。

3—4拍：左后方。

5—6拍：前方。

7—8拍：正前方。

（26）第二十五个八拍动作如下：

①上肢动作：

1拍：双手侧上举，掌心向外，头右屈。

2拍：右手在体前，左手体侧，头向左侧屈。

3拍：左手背于身后，右手侧平举，头右屈。

4拍：双手放于体侧。

5—8拍：上体随节拍逐渐向前俯至结束造型。

②下肢动作：

1拍：右脚开始向右前方迈一步，重心放于右脚。

2拍：继续迈步，左脚与右脚前交叉，双腿屈膝。

3拍：右脚继续迈步，右腿屈膝，左脚侧点地。

4拍：直膝。

5—8拍：保持上一拍脚下姿势不动。

③手型：爵士舞蹈手型。

④面向：面向右前方。

二、舞蹈啦啦操的训练方法

舞蹈啦啦操是一项集难度、新颖性、美感和高强度于一体的竞技体育运动项目，对运动员或练习者的专项身体素质提出了极高的要求。下面我们将从力量、柔韧、速度、耐力和协调五个方面重点介绍舞蹈啦啦操的专项素质训练方法。

（一）力量素质的训练方法

力量素质是指肌肉在用力的过程中克服或抵抗阻力的能力。力量素质与运动员的身体结构、反应特性及中枢神经系统的机能状态有关。

舞蹈啦啦操运动员力量素质的训练方法如下：

1. 上肢力量的训练方法

（1）从直角倒立姿势至倒立姿势，这个动作需要他人配合完成。

（2）俯卧撑，包括标准俯卧撑、宽臂俯卧撑、夹肘俯卧撑练习。

2. 腰腹力量的训练方法

（1）仰卧两头起，包括团身两头起、屈体并腿两头起、屈体分腿两头起。

（2）仰卧正踢腿。

（3）俯撑侧踢腿。

3. 下肢力量的训练方法

（1）深蹲跳，包括初始姿势为马步的深蹲跳、初始并腿半蹲的深蹲跳、初始姿势为弓箭步的深蹲跳练习。

（2）提踵练习，包括双腿提踵和单腿提踵两种练习方法。

（3）跳跃，包括C跳、团身跳、屈体跳、屈体分腿跳练习。

（二）柔韧素质的训练方法

柔韧素质的高低，即关节活动幅度的大小和肌肉韧带伸展能力的大小，对于运动员竞技能力的高低有着不容忽视的影响。舞蹈啦啦操运动员的柔韧素质分为上肢和肩部的柔韧、髋部和下肢的柔韧、踝和腕的柔韧三部分。

1. 上肢和肩部的柔韧训练方法

（1）跪姿压肩练习。

（2）俯卧压腰练习。

（3）转肩练习。

2. 髋部和下肢的柔韧训练方法

（1）坐位体前屈练习。

（2）地面纵叉、横叉练习。

（3）正踢腿、侧踢腿、后踢腿练习。

3. 踝和腕的柔韧训练方法

（1）直角坐，做踝关节的屈伸和转动练习。

（2）压手腕，包括正压、反压、立手腕。

（3）压脚踝、压脚背练习。

（三）速度素质的训练方法

舞蹈啦啦操运动员的速度素质和力量素质密切相关，速度就是力量。因此，速度素质的训练方法和力量素质联系紧密。具体如下：

（1）快速俯卧撑练习，包括标准俯卧撑、宽臂俯卧撑、夹肘俯卧撑，15~20个/组，共4~5组，间隔时间15~20秒。

（2）快速仰卧两头起练习，包括团身两头起、屈体并腿两头起、屈体分腿两头起，10~20个/组，共4~5组，间隔时间15~20秒。

（3）快速控、踢腿点地练习，包括前点地正踢腿、侧点地侧踢腿，12~15个/组，共4~5组，间隔时间15~20秒。

（四）耐力素质的训练方法

耐力素质是指有机体长时间持续进行运动的能力。运动员在训练和竞赛中保持特定的运动强度或动作质量，就必须具备良好的耐力素质。按人体的生理系统分类，耐力素质可分为肌肉耐力和心血管耐力。肌肉耐力也称为力量耐力，而心血管耐力又分为有氧耐力和无氧耐力。

舞蹈啦啦操运动员提升耐力的方法主要是进行舞蹈动作的重复练习或跳跃、转体等难度动作的重复练习，如32个基本手位的重复练习、成套动作组合的重复练习、屈体分腿跳的重复练习、几组连续的踢腿练习。

（五）协调素质的训练方法

协调素质是指在运动时肌体各器官系统、各运动部位配合一起完成练习的本领。啦啦操是对人体协调性要求极高的项目，在训练中，以身体各关节的灵活运动为基础。协调性是身体素质中最需要时间去磨合、去苦练的素质之一，也是啦啦操运动所必需的素质。协调性可通过以下方法练习：

（1）不同风格的舞蹈组合练习。

（2）下肢步伐变节奏、加强度、不对称组合练习。

（3）手臂加步伐动作组合练习。

第三节　技巧啦啦操的技术与训练

技巧啦啦操是以翻腾、抛接、托举、金字塔等为主要难度动作，以操化动作、过渡连接、口号、道具等为基本内容的团队竞赛项目，具有广泛的影响力，是校园文化的代表项目。

一、技巧啦啦操的难度技术

技巧啦啦操的难度技术是成套啦啦操的重要组成部分，是技巧啦啦操的骨架与支撑。

一套技巧啦啦操的难度技术分为四类，即翻腾类、托举类、抛接类、金字塔类。

（一）翻腾难度技术

翻腾类是在地面上完成各种翻转和腾空类的动作，包括各类滚翻、手翻、软翻、空翻及转体动作。

1. 滚翻类

滚翻类主要有前滚翻、后滚翻。

2. 手翻类

手翻类主要有侧手翻、头手翻、前手翻、后手翻。

3. 软翻类

软翻类主要有前软翻、后软翻。

4. 空翻类

空翻类包括后空翻、前空翻和侧空翻。

（1）后空翻分为团身后空翻、侧手翻向内转体 90°接团身后空翻、侧手翻向内转体 90°直体后空翻、侧手翻向内转体 90°后手翻接团身后空翻。

（2）前空翻分为助跑前空翻、助跑屈体前空翻、挺身前空翻。

（二）托举难度技术

托举是指由一人或多人组成的底座把尖子托离地面，在高度不同的空间完成不同姿态的动作造型的过程。托举的形式分为单底座托举、双底座托举、多底座托举三种。根据托举的位置，可将托举可分为胯位托举、肩位托举、高位托举和火炬式托举四种。托举的过程分为上法、空中姿态、下法三个过程。

（三）抛接难度技术

抛接是尖子由底座从髋位开始抛至空中，在空中完成不同姿态的造型或翻转、转体等动作后，再由底座接住的动作过程。我们可以将其分为一人抛接和多人抛接。抛接过程为上抛、空中姿态、下落、接四个步骤。

（四）金字塔难度技术

金字塔是由一个或多个尖子、一个或多个底座支撑而形成的金字塔形状的托举造型，金字塔造型必须由全体队员共同参与完成，队员之间必须相互支撑，并产生相互联系，保持垂直状态，允许非垂直过渡动作出现。金字塔形成过程分为上架、成金字塔、下架三个步骤。金字塔难度技术可分为单底座单尖子金字塔、双底座单尖子金字塔、多底座单尖子金字塔、多底座多尖子金字塔几种。

二、技巧啦啦操训练方法

训练方法的选择反映了教练员的文化素质、智慧程度，以及获取信息和再学习的能力。科学、正确的训练方法是直接影响运动员成绩的关键因素，掌握科学、先进的训练方法可以使运动员的学习效果事半功倍。成套技巧啦啦操训练包括：操化、技巧、造型、乐感以及运动员的表现力和感染力，一套优秀的技巧啦啦操表演可以体现出运动员的综合素质和能力，其中身体基本姿态、难度动作技术和身体素质训练是运动员取得优异成绩的基础，是其争金夺银的关键，因此，掌握正确的技巧啦啦操训练方法显得尤为重要。

（一）基本姿态训练

1. 站立姿态训练方法

站立姿态训练是技巧啦啦操训练中最基础、最重要的姿态训练内容，是所有动态专项动作的基础。站立姿态的训练有助于运动员在完成动作时保持良好的身体姿态。正确的站立姿态可以增强技巧啦啦操运动员动作的美感，提高动作的准确性。站立姿态是否正确、优美、挺拔，主要受人体脊柱的影响，同时与骨盆位置是否正确也有直接的关系。因此，要保持正确的站立姿态，运动员需要保持头颈部位、胸腰部位的位置正确，使脊柱周围屈伸肌群均匀地收缩，以维持和固定脊柱的正常生理弯曲。此外，运动员还需注意下肢部位充分伸展并保持必要的紧张，通过腹部和臀部肌肉的正确用力，使骨盆保持在正确的位置上。

以下是几种常见的训练方式：

（1）两腿直立，脚跟并拢，头正直上顶，下颌微收。双手握拳，手臂伸直锁肩于体前，拳心朝内。收腹，立腰，夹臀。背部呈一平面。

（2）两腿开立，与肩同宽，头正直上顶，下颌微收。双手握拳，手臂伸直锁肩于体前，拳心朝内。收腹，立腰，夹臀。背部呈一平面。

（3）俯撑练习：双臂与肩同宽，撑于地面，身体呈一条直线。保持10秒钟，体会腹背肌的收缩及身体的控制。

2. 头颈部位姿态训练

基于状态反射原理，头部姿态及动作对运动员用力和调整技术起着潜移默化的作用，直接关系到技术动作的发挥和成套动作的完成质量。准确优美的头部姿态与身体各部位动作协调统一，再配合眼神和面部表情，达到神态美和形态美的有机结合，对技巧啦啦操成套动作的完成起到画龙点睛的作用，使啦啦操动作更加生动、充满活力。头、颈动作由屈、转、绕、绕环动作组成。

（1）屈：指头颈关节角度的弯曲，包括前屈、后屈、左屈、右屈。

（2）转：指头颈部绕身体垂直轴的转动，包括左转、右转。

（3）绕：指头以颈为轴心的弧形运动，如左右侧绕。

（4）绕环：指头以颈为轴心的圆形运动。

要求：上体保持正直，头颈移动的方向要准确，颈部被动肌群充分伸展。

3. 手臂姿态训练

手臂动作是肢体动作的延伸，除了完成技术性动作，还具有美化造型的艺术性功能。技巧啦啦操对运动员基本手臂动作的发力顺序、动作速度、动作幅度以及动作表现都有较高的技术要求。技巧啦啦操有特定的 32 个基本手位动作、基本手臂动作，这些动作是体现技巧啦啦操复杂性和多样性、运动员的协调性的重要方面。正确的手臂姿势对身体姿态的充分展现以及动作艺术风格的塑造起着重要作用。

（1）举是指以肩为轴，臂的活动范围不超过 180°，并停止在某一部位，主要包括前平举、上举、侧平举、下举、前上举、前下举、侧下举、侧上举、后下举、前侧上举、前侧下举、后侧下举。

（2）屈伸是指关节由弯曲到伸直或由伸直到弯曲的动作，包括胸前屈、胸前平屈、肩侧屈、肩侧上屈、肩侧下屈、胸前上屈、侧屈、头后屈。

（3）绕是指两臂或单臂向内、外、前、后做 180° 以上、360° 以下的弧形运动，包括向左、向右、向内、向外、向前、向后绕。

（4）绕环是指单臂或双臂以肩为轴向不同方向做圆形运动，包括向前、向后、向左、向右、向内、向外、向上、向下绕环。

（5）振是指臂以肩为轴做加速有力的弹动、摆动动作，包括上举后振、下举后振、侧举后振。

（6）旋是指臂以肩或肘为轴做内旋或外旋动作。

要求：上体保持中正，位置要准确，幅度要大，力达身体最远端。

4.躯干姿态训练

在技巧啦啦操运动中，躯干主要起连接、保护和固定的作用。正确的躯干姿态有利于保持身体的平衡和挺拔。技巧啦啦操要求运动员在完成动作过程中躯干中正、腰腹收紧、后背挺直、臀部夹紧，以维持必要的紧张度。因此，躯干姿态训练主要是训练运动员挺胸拔背的动作形态，同时要注意提高训练运动员对腰部的控制能力。运动员在训练时需要特别注意体会肌肉用力的感觉。

（1）胸部练习由含胸、挺胸、移胸动作组成。

①含胸：指两肩内合，缩小胸腔。

②挺胸：指两肩外展，扩大胸腔。

③移胸：指髋部固定，胸左、右水平移动。

要求：含、挺、移胸幅度做到最大。

（2）腰部练习由屈、转、绕和绕环动作组成。

①屈：指下肢不动，上体沿矢状轴和水平轴运动，包括前屈、后屈、左侧屈、右侧屈。

②转：指下肢不动，上体沿垂直轴扭转，包括左转、右转。

③绕和绕环：指下肢不动，上体沿垂直轴做弧形、圆形运动，包括左绕、右绕和绕环。

要求：上体尽力向外延伸，绕环幅度要大，充分而连贯。

（3）髋部练习由顶髋、提髋、绕髋和髋绕环动作组成。

①顶髋：指髋关节急速的水平移动，包括左顶、右顶、前顶、后顶。

②提髋：指髋关节急速向一侧上提，包括左提、右提。

③绕髋和髋绕环：指髋关节做弧形、圆形移动，包括向左、向右绕和绕环。

要求：髋关节做顶、提、绕和绕环动作时应平稳、柔和、协调，稍带弹性。

5. 下肢姿态训练

在技巧啦啦操的训练中，下肢的姿态是取得优秀表现的关键。下肢的力量与动作的规范性，对于整个技巧啦啦操的表现至关重要。通过把杆练习，可以有效地强化腿部肌肉力量，并规范动作，确保下肢动作的标准性。比如，在练习中要注重"开、绷、立、直"的要求，这不仅有助于提升肌肉力量和速度，还能确保动作的优美与准确。只有当姿态与标准一致，并结合动作特点进行训练时，才能真正提升技巧啦啦操的表现力。

（1）踢：指直腿向各方向做由下至上的加速摆动作，包括前踢、侧踢、后踢。

（2）弹踢：指弹踢腿先屈膝抬起（大小腿呈90°），再向各方向做踢的动作，包括前、侧、后弹踢。

（3）蹲：全蹲时大小腿折叠，半蹲时大小腿形成夹角。

（4）屈伸：指膝关节由直变曲或由曲伸直的动作，包括两腿同时或依次原地和移动屈伸。

（5）内旋和外旋：指以髋和膝为轴做腿向内和向外的旋转动作，包括两腿同时或依次内旋和外旋。

要求：弹踢时力达最远端，半蹲时上体立直，屈伸要有弹性，内旋、外旋时以膝带动腿旋转。

（二）基本难度技术训练

难度动作是技巧啦啦操的重要组成部分，是影响运动成绩的重要因素。掌握科学、正确、合理的训练方法，可以使运动员在学习难度动作技术时达到事半功倍的效果，合理运用难度动作的训练方法，是快速提升技术水平及比赛成绩的关键，是科学进行技巧啦啦操训练的重要保障。

下面我们将讲述翻腾、抛接、托举、金字塔的训练方法。

1.翻腾类难度技术训练

（1）滚翻分类如下：

①前滚翻动作做法：由蹲撑开始，两手向前撑地，两脚向后蹬地，腿蹬直，同时提臀、屈臂、低头，使头后部在两手支撑点前着地，接着背、腰、臀依次着地向前团身滚动，当背部着地时，迅速收腹屈膝，两手抱小腿中部，上体迅速跟进向前滚动成蹲立。

注意事项：

第一，原地滚动练习，要求当身体前滚至背部着地，腿与地面夹角约45°时，迅速收腹，上体紧跟大腿团身抱腿。

第二，在斜面上，由高处向低处做前滚翻。要求脚先蹬地，然后后屈臂再低头。

第三，要在帮助下做前滚翻。保护与帮助者单膝跪立在练习者侧前方，当练习者的头部将要着地时，一手托其颈，当滚翻至臀部着地时，用手顺势推其背帮助练习者蹲立。

②后滚翻动作做法：由蹲撑开始，身体稍微前移，两手推地，使身体迅速向后移，接着低头团身向后滚动，使臀、腰、背依次着地。两手迅速屈臂夹肘，两手放在肩上（掌心向后），当头部着地时，两手用力推地撑起，翻转成蹲撑。

注意事项：

第一，练习向后团身滚动手撑地动作时，要求屈臂抬肘、夹肘、翻腕，将手置于肩上（掌心向后）。

第二，由头手着地蹲撑开始，迅速推直两臂。

第三，采用斜面，由高向低练习后滚翻，要求团身紧、推撑快。

第四，在帮助下做后滚翻。保护与帮助者单膝跪立在练习者侧后方，当练习者后滚至头部时，一手托肩，一手推背，助其翻转。

（2）手翻分类如下：

①侧手翻动作做法：由站立开始，两臂向前上方摆起，左腿前举，向前跨出一大步，做弓箭步动作，接着后腿向后上方摆起，同时上体积极下压，蹬地摆起，接着左手在两脚延长线前外展90°撑地，并带动肩、头、身体向左转90°，右手撑地分腿倒立，接着左右手依次顶肩推手，一腿落地屈膝蹬直，另一腿侧伸落地，两臂侧举，分腿站立。

注意事项：

第一，在帮助下做侧手翻倒立练习。保护与帮助者站在练习者前侧方，两臂交叉扶住练习者的腰部，随着其动作翻转给予助力，帮助其完成侧手翻动作。

第二，在帮助下做侧手翻，要求先摆腿后下手撑地。倒立时两臂充分顶肩、分腿、身体伸直。

第三，在地上画一条直线做侧手翻。要求手、脚都落在一条直线上，推手快速。

第四，连续侧手翻，用最快速度完成。

②前手翻动作做法：助跑2~3步后趋步跳起，同时两臂上举，上体前压，两臂前伸撑地，后腿快速向后上方摆起，接着前腿蹬地，接近倒立部位时并腿、顶肩推手、紧腰、梗头，使身体腾空保持反弓形姿势至落地。在落地时，膝关节、踝关节缓冲，两臂上举，直立。

注意事项：

第一，靠墙竖放一个厚垫，趋步摆腿蹬地，做靠墙倒立练习。要求撑地、顶肩、紧腰。

第二，在保护帮助下做摆倒、立顶肩推手练习。要求手撑地，即将触到垫子时快速拉开肩角，做顶肩推手动作。

第三，在保护帮助下，由高处向低处做前手翻。要求体会腾空、翻转、着地动作。

第四，在保护帮助下练习。保护与帮助者站立于练习者的侧前方，一手托其肩部，另一手托其腰部帮助翻转。

③头手翻动作做法：由两臂上举站立开始，上体快速前屈，两臂屈肘体前撑地，同时两腿屈膝，头前额上部在两手前顶地，同时两脚用力蹬地，当臀部前移重心超过垂直面后，两腿迅速向前上方用力摆腿伸髋，同时用力推手、充分展髋，使身体腾空呈反弓形姿势至落地。在落地时，脚掌前半部着地缓冲，保持抬头、挺胸、两臂上举的站立姿势。

注意事项：

第一，由站立开始，上体前屈，双手向前撑地，短暂地屈体头手倒立。要求稍保持屈体头手倒立姿势后向前滚翻。

第二，由仰卧屈体，肩背撑地开始，在两人拉手帮助下，做原地、屈、伸起练习。要求向前上方用力摆腿伸髋，使身体腾空呈反弓形姿势。

第三，在帮助下由高处向低处做头手翻。要求头撑地，呈屈体头手倒立姿势时，应挺胸、立腰、翻臀，迅速伸髋。

第四，在保护与帮助下练习。保护与帮助者单膝跪立在练习者前侧方，一手托其上臂或肩部，另一手托其腰部帮助翻转。

④踺子后手翻动作做法：由站立开始，在进行节奏跳后，左脚着地，上体迅速前压，同时右脚快速向后上方摆起，接着左手在前下方撑地（手指与左脚尖相对），同时左脚蹬地后快速后摆，以肩、头带动向内转体。当左脚离地后，右手撑地，这时左腿迅速与右腿并拢，同时转体经手倒立。撑地的两手快速推离地面，同时用力收腹提腰，全脚掌主动向靠近手的地方着地，上体积极抬起，两臂上摆，准备做后手翻动作。

注意事项：

第一，由原地开始，向前一步做侧手翻向内转体 90° 两脚依次落地的慢动作。

第二，在地面画上手脚着地的标记，进行慢动作练习，然后再逐渐加快速度。

第三，由手倒立开始，两手推地，屈体用全脚掌落地，体会做提腰"掼"腿动作时的感觉。

第四，侧手翻向内转体90°全脚掌着地后，上体保持准备的姿势做后手翻，倒落在背后倾斜的垫子上。

第五，为体会做提腰"掼"腿动作时的感觉，在前面横放一根绳子，置于高80厘米左右处，两手撑在绳子后面，做完整的提腰"掼"腿动作时，两脚落在绳子前面。

第六，保护与帮助者站在练习者前侧方，两手其扶腰，帮助其转体和提腰。

（3）软翻分类如下：

①前软翻动作做法：由两腿前后站立、两臂前上举开始，重心前移，上体前倒地，两手撑地，右（左）腿向后上摆起，左（右）脚蹬地，经前后分腿手倒立后，两肩稍向后引，身体尽量后屈，抬头，右（左）脚尽量在靠近手的地方落地并迅速将重心移到右（左）脚上，顶肩、推手、顶髋、立腰，右（左）腿向前方伸出，还原成开始姿势。

注意事项：

第一，在帮助下，经前后分腿手倒立前，翻成一腿上举的姿势，由桥顶肩推手、伸腿起立。

第二，在帮助下完成前软翻动作。保护与帮助者站在练习者侧面，一手扶其肩部，另一手托其腰部。

②后软翻动作做法：由右脚站立，左脚前点地，两臂上举开始，向上顶髋、挺胸，向后下腰。左腿经前、上向后方摆，两手尽量靠近右脚，撑地，同时右脚蹬地，肩部后送，经分腿手倒立时，顶肩抬头，然后左脚落地，上体抬起时右腿后控再落地站立。

注意事项：

第一，由站立开始，体后屈落在一定高位上成桥。

第二，前后分腿站立，体后屈落下成桥。

第三，由单腿桥蹬地起，成手倒立，然后起立，控腿。

第四，在帮助下完成后软翻动作。保护与帮助者站在练习者侧面，一手扶其肩部，另一手托住其腰部，或一手扶腰，一手扶摆动腿。

（4）空翻分类如下：

①团身后空翻动作做法：由站立开始，两脚用力向后上方蹬地跳起，两臂积极摆动至前上方时马上制动，同时立腰、梗头、提气，接着提膝、团身，使大腿靠胸，两手抱住小腿中部，同时抬头翻臀，向后翻转，当翻转至3/4左右时，两臂上举，两腿下伸，身体伸展，用前脚掌落地，站立。

注意事项：

第一，原地做摆臂、梗头同时上跳的动作。

第二，由仰卧姿势开始，快速做抱腿团身动作，要求上体不离地。

第三，在弹跳板上做空翻动作，可利用保护滑车帮助完成。

第四，练习应在他人帮助下完成。保护与帮助者站在练习者的一侧，一手扶腰向上托，助其上跳，另一手扶大腿后部向上托，帮助其团身和翻转。落地时一手扶腹，另一手扶背。或者两手扶腰两侧，向上托送。初学时最好两人保护，或利用保护滑车。

②侧手翻向内转体90°接团身后空翻动作做法：侧手翻向内转体90°，在推手、脚落时，迅速含胸、梗头、两臂上领，伸直身体同时向上跳起，接着迅速提膝、翻臀接团身后空翻至落地。

注意事项：

第一，练习中做的是原地后空翻。

第二，侧手翻向内转体90°跳起后，在帮助下做吸腿动作。

第三，应在帮助下做完整练习。侧手翻向内转体90°后，保护与帮助者一手托练习者的背，另一手托臀部。

③侧手翻向内转体90°直体后空翻动作做法：在侧手翻向内转体90°后，接着跳起，两臂迅速经前上领，梗头、含胸、立腰，迅速向上跳起，接着稍抬头挺胸，身体伸直，同时两臂由上经侧靠在身体两侧，使身体向后完成类似以肩为轴的翻转。头向下时主动抬上体，随着身体的下落，两臂由体侧摆至侧上举，稍收腹用前脚掌落地。

注意事项：

第一，练习者站在高处，在帮助下做直体后空翻。

第二，利用弹跳板在帮助下做直体后空翻。

第三，保护与帮助者站在练习者起跳点的侧后面，一手扶腰部，一手扶托大腿后面，帮助其腾空和翻转，落地时一手扶胸，一手扶背，帮助平稳落地。

④侧手翻向内转体90°后手翻接团身后空翻动作做法：侧手翻向内转体90°后接后手翻，后手翻推手要迅速有力，快速立上体，稍屈髋，两腿下压，两脚在稍远处落地。起跳时，充分蹬直身体，梗头、含胸向前上方领臂，接着迅速提膝、屈髋、翻臀、团身向后转，翻转至3/4时伸展身体准备落地。

注意事项：

第一，侧手翻向内转体90°接后手翻跳起。

第二，在帮助下完成练习。保护帮助者站在练习者做后手翻落地点的侧面，跳起时，一手扶腰，一手托臀，帮助其翻转与落地。

⑤向后摆臂前空翻动作做法：从助跑开始，单脚跳起后，两腿在空中并拢，在肩的前面落地，迅速用力向上跳起，同时两臂由前经下向后上摆，提肘提肩，两脚跳起动作要与两臂后摆至极点动作相吻合。身体向上腾起，接着做提臀、屈膝和团身抱腿动作，向前翻转至最高点时完成。在身体下落时，两臂上举，伸展身体，用前脚掌着地。

注意事项如下：

第一，要做助跑摆臂起跳动作。

第二，在掌握该动作后可要求做屈体空翻两脚一次落地，以准备做侧手翻向内转体90°等动作。

第三，练习要在帮助下进行。保护与帮助者站在练习者侧前方，当两臂向后上方摆起后，一手托腹部，一手推背部，帮助其翻转。

⑥助跑屈体前空翻动作做法：该技术动作与前空翻相似，但腾起后，在梗头、含胸、弓背、提臀时两腿伸直，身体保持屈体姿势。

注意事项同前空翻。

⑦左脚蹬地，右腿后摆挺身前空翻动作做法：从原地或助跑开始，做含胸、

两步上领的趋步后，左脚前伸，落地屈膝（膝盖不能超过脚尖），接着两腿依次迅速向上蹬、摆，同时做肩向膝的屈体和提腰动作，两臂向后上方领。腾空后急速抬头挺胸，两腿前后分开向前翻转。然后右腿主动落地，并向上顶髋、立腰、振胸，同时左脚伸向前上方，两臂经体侧带至侧上举。

注意事项：

第一，原地做蹬、摆腿同时提腰的练习。

第二，在帮助下做腾空后抬头、振胸、两腿分开的练习。保护与帮助者站在练习者的右侧面，用左手托住腹部，帮助其腾空翻转，当翻转至后半部时，换左手托其腰部，帮助正确落地。

第三，在助跳板上或由高向低做动作。

⑧左脚蹬地，右腿后摆侧空翻动作做法：由助跑或原地开始，做含胸、两臂上领的趋步后，左脚前伸，落地后屈膝（膝盖不超过脚尖），上体前倾，接着两腿依次蹬、摆、含胸、提腰，两臂向前上领，同时以肩和头带动身体向内转体90°腾空，空中两腿左右分开，然后右腿积极摆动，主动落地。两臂侧上举呈右脚在前的弓步姿势。

注意事项：

第一，原地做蹬、摆腿同时向内转体90°侧提腰和领臂的练习。

第二，正面助跑趋步后，做鱼跃侧手翻。

第三，在助跳板上或由高向低做动作，或由低向高做动作。

第四，在帮助下完成动作。保护与帮助者站在练习者转体方向的前侧面，蹬地后托其腰部两侧，帮助其上提和翻转；或用一臂托住其腹部，当他蹬地时用力向上托，帮助翻转。

2. 抛接类难度技术训练

抛接难度技巧是技巧啦啦操中重要的难度技巧，包括一人抛、两人抛、三人抛、多人抛以及一人接、两人接和多人接，抛接类难度不仅需要运动员掌握正确的抛接技术，更重要的是运动员之间的默契配合，无论是几人抛还是几人接，技术只有两个：一是抛，二是接。

（1）抛的动作做法。底座两腿大开立，半蹲，收腹屈髋，上体微向前倾，摆好手型，两臂略微弯曲，尖子站在底座的手上；当尖子给底座做动作的信息后，底座重心下降，膝关节保持紧张，脚趾抓地站牢；然后两脚用力蹬地，依次伸展膝关节和髋关节，提高身体重心，同时两臂顺势发力上举，将运动员抛出，目视运动员。

（2）接的动作做法。当尖子下落时，底座看准落点后手臂主动上举前迎，摆好接的手型；当手臂接触到尖子身体时，顺势收腹、屈膝、屈髋，保持适度紧张，两脚用力抓地，重心平稳。

（3）抛接训练方法如下：

①默契训练。在训练抛接前，底座和尖子应统一口令和动作节奏，确定动作信息和指令，然后同时进行地面模拟练习。

②预备动作训练。尖子站在底座的手上，按照统一的口令和信息进行抛出前动作节奏练习，但不抛出。

③低空抛接训练。当尖子和底座的预备动作配合默契以后，借助帮助进行低空的抛接训练。

④脱保训练。当运动员熟练掌握抛接后，教练员可以适时地进行脱保，由于脱保会给运动员造成心理压力，容易使技术变形，因此，教练员应控制好脱保的时机及次数，例如，10次动作可以脱保一次，然后脱保两次，随着技术的逐渐成熟增加脱保次数，根据运动员的心理和技术完成情况适时脱保，直到轻松掌握动作。

（4）抛接的帮助与保护。

帮助：初学抛接动作时为了使运动员克服恐惧心理，掌握正确的空中技术，保证运动员的安全，可利用保护带、海绵坑、保护垫等辅助器械帮助运动员完成动作。

保护：通常是在运动员掌握基本抛接动作，即在脱保的情况下运用，此阶段属于泛化阶段，动作技术不稳定易变形，为了保障运动员的安全，增强运动员完成动作的信心，教练员应站在运动员完成动作方向落点的前侧下方随时注意观察运动员完成动作的情况，一旦发现动作异常、变形应及时迎前，采用接、扶、挡等手法保护运动员。

3. 托举类难度技术训练

根据尖子支撑腿的数量可分为单腿托举、双腿托举。根据底座的数量可分为单底座托举、双底座托举、多底座托举。

根据底座托举的手臂数量可分为单臂托举、双臂托举。

无论什么形式的托举动作都要求底座有足够的力量托住被托举的运动员并控制动作平衡稳定；被托举的运动员要有一定的肌力控制平衡。因此，托举类难度训练方法主要包括力量训练和平衡稳定性训练。

（1）力量训练分类如下：

①脚趾抓地训练的方法。

方法一：站在有弹性的垫子或物体上，通过脚趾抓地训练站立的稳定性。

方法二：站在健身球上，通过脚趾抓球训练站立的稳定性。

②腿部力量训练的方法。

方法一：负重蹲起，加强股四头肌的力量，提高站立控制能力。

方法二：深蹲跳。

③核心部位训练的方法。包括腹肌训练、背肌训练、俯撑控制训练等。

④上肢力量训练的方法。

方法一：推杠铃训练。

方法二：引体向上训练。

方法三：击掌俯卧撑训练。

（2）平衡训练的方法。

方法一：单足站立闭眼平衡训练。

方法二：单双足提踵站立训练。

方法三：头上顶物足尖走训练。

方法四：健身球上站立、坐立训练。

4. 金字塔类难度技术训练

金字塔难度技术训练方法同托举训练方法。

（三）专项身体素质训练

技巧啦啦操项目要求动作发力速度快、制动时间短、节奏变化丰富，运动员必须快速准确地完成翻腾、抛接、托举、金字塔等技巧难度配合。这就要求啦啦操运动员应具备良好的身体素质，包括力量素质、耐力素质、平衡素质和柔韧素质。只有具备了这些良好的身体素质，才能出色地完成啦啦操这一团队合作项目。

1. 力量素质训练

力量素质是技巧啦啦操比赛取得优异成绩的关键所在，一切高难度动作及各种配合的完成都必须有各部分的力量素质作为保障。无论是尖子还是底座队员，没有良好的力量素质就难以完成动作，更不会有难度动作的创新。啦啦操运动员所需的力量素质主要包括：相对力量、速度力量、力量耐力。

（1）相对力量是在运动员体重不增加或增加很少的情况下，提高运动员的最大力量。

方法一：底座运动员与尖子运动员一对一地进行练习，包括底座站立上推尖子、底座平躺上推尖子、尖子负重底座上推。

方法二：利用单杠引体向上、双杠臂屈伸等动作的练习对技巧啦啦操运动员进行相对力量训练。

练习强度与次数：通常相对力量的训练都采用85%以上的强度。每组练习重复1~3次，组间间歇时间一般为3~4分钟。

动作要求：动作应该是连贯的、爆发式的。

注意事项：由于相对力量训练要求运动员注意力高度集中，精神高度紧张，而且体力消耗较大，容易发生运动损伤，所以训练前要做好充分的准备活动，训练后要采用有效的恢复手段。

（2）速度力量的发展受到速度和力量两个因素的制约。如果运动员完成某一动作所用的力量大、速度快，则表现出来的速度力量就大。速度和力量任何一个因素的提高都会引起速度力量的提高，而一般情况下选择相对较容易提高的力量来提高速度力量。

方法一：底座抛接较大体重的尖子，运动员负重（沙袋）完成后空翻蹶子等技巧难度。

方法二：击掌俯卧撑、倒地俯卧撑、跳台阶等动作的练习，可提高技巧啦啦操运动员的速度力量。

练习强度与次数：练习强度要适宜。多采用最大力量的30%～50%的练习强度，以便尽可能兼顾速度和力量两个因素。每组练习重复5～10次。每组间歇时间为2～3分钟。

动作要求：动作尽可能协调流畅。

注意事项：把握好训练的强度，做好训练前的准备活动和训练后的恢复工作。

（3）力量耐力水平取决于多种因素，主要是保证工作肌耗氧和供氧的能力、无氧代谢的机能能力和工作肌群协同工作的能力。

方法一：不加难度动作的成套练习，两套为一组，重复循环练习。加难度动作的成套练习，1套为一组，一次至少3套。

方法二：任意或有目的地将几个动作组合在一起练习，如原地跳10次→引体向上6次→两头起20次→俯卧撑20秒，重复练习，每次完成4～5组，可以提高啦啦操运动员力量耐力。

练习强度与次数：练习强度要适宜，一般采用25%～40%的练习强度。一般重复次数要达到极限，组间间歇时间可根据练习时间和参加工作肌肉的数量来决定，必须在工作能力尚未恢复时开始下一组训练。一般在心率恢复到110～120次/分时，进行下一组练习。

动作要求：发展力量耐力的肌肉训练方式有动力性练习和静力性练习。在采用动力性练习时，动作速度要中速或慢速，动作尽量做到位；在采用静力性练习时，不可憋气，以免影响循环和呼吸系统的正常运行。

注意事项：由于发展力量耐力需要的时间较长，肌肉的疲劳程度大，因此应注意做好训练前的准备活动和训练后的恢复工作。

2. 耐力素质训练

良好的耐力素质是成套动作完成的基础。规则成套动作时间为2分30秒左右。技巧啦啦操节奏快慢有别，风格多样，要想完成高技巧、高难度的成套动作及配合，就要有良好的耐力素质做基础。技巧啦啦操的耐力素质包括有氧耐力和无氧耐力。

（1）有氧耐力是肌体在氧气供应比较充足的情况下，能坚持较长时间工作的能力。可通过持续负荷法、间断负荷法和高原训练法等方法，提高运动员的有氧耐力。

练习次数和强度：应该以有氧供能系统为主，练习强度要小。一般运动员心率可控制在130～150次/分钟，训练有素的运动员可达到145～170次/分钟；练习时间要尽量长，至少达到20分钟。

动作要求：在采用间歇负荷法进行练习时，一次练习的持续时间不可过长，否则会导致工作强度下降，不利于心脏功能的提高。练习持续时间可根据练习任务和运动员本身情况确定。

注意事项：训练中可以适当穿插一些无氧性质的练习，有利于有氧耐力的进一步发展。做好训练前的准备活动和训练后的恢复工作。

（2）无氧耐力是肌体在氧气供应不充足的情况下，能坚持较长时间工作的能力。无氧耐力训练应建立在良好的有氧耐力训练的基础上。可通过原地间歇高抬腿跑、计时跑、反复连续跑台阶等方法来提高无氧耐力。

方法一：踺子接后手翻、连续抛接等动作的练习，训练技巧啦啦操运动员的专项无氧耐力。

方法二：通过连续击掌俯卧撑、连续跳跃组合等动作的练习，提高技巧啦啦操运动员的无氧耐力。

练习次数和强度：练习强度远大于有氧耐力训练，一般应为80%～90%的训练强度，心率为180～190次/分钟。练习次数不可过多，一般每组练习3～4次。

动作要求：在进行无氧耐力训练时，练习强度较大，要求注意力集中，动作到位。无氧耐力的发展要建立在有氧耐力提高的基础上，在训练中要注意两者的结合。

注意事项：练习的次数可根据练习的强度来定，强度小的话次数可以适当增加，强度大的话次数可以减少。

3. 平衡素质训练

啦啦操项目中的平衡包括静态平衡和动态平衡。

（1）静态平衡是指人体在地面或器械上完成静止姿势的平衡能力，包括托举、吸腿平衡、搬腿平衡与控腿平衡。

方法一：托举尖子控制练习、把杆单足提踵立练习、跳跃后接提踵立练习。

方法二：通过健身球站、坐等动作练习提高技巧啦啦操运动员的静态平衡。

练习次数与强度：练习强度要适宜。每组练习重复1~3次，每组间歇时间一般为1~2分钟。

动作要求：必须保持平衡的姿势2秒钟以上。

注意事项：在进行静态平衡类训练时要注意平衡脚的控制，重心平稳；保持正确的身体姿态。

（2）动态平衡是指人体在空间处于瞬时稳定的姿势，主要包括单足转体、双脚转体和以身体其他部位为支撑的旋转（如臀转、膝转、街舞中常见的以头为支撑的旋转等）。

方法一：动态平衡主要强调技术的正确性，掌握正确技术是关键。通过把杆训练提高身体姿态的正确性，把杆提踵站立及转体练习可提高技巧啦啦操运动员重心的稳定性。

方法二：通过各种跳跃练习提高小腿力量，俯撑动作练习能够发展技巧运动员核心部位的力量，提高身体控制能力。

练习次数与强度：练习强度要适宜。每组练习重复1~3次，每组间歇时间一般为1~2分钟。

动作要求：身体处于垂直位置，所有的转体必须完整，平衡转体抬腿至少同肩高。

注意事项：在进行动态平衡类训练时要注意动作在同一位置开始和结束，平衡或落地时要有控制，保持正确的身体姿态。

4. 柔韧素质训练

一般描述：柔韧素质是指跨过关节的肌肉、肌腱、韧带等软组织的伸展能力，即关节的活动幅度。没有柔韧性就没有动作的幅度。动作幅度能使动作趋于完美。

训练方法：通过压、耗、踢腿练习发展柔韧素质，压腿、耗腿时间至少20分钟。

练习次数与强度：强度的加大要逐渐进行，不可过大过猛。长时间中等强度的拉伸效果最好。练习的重复次数要依运动员的年龄与性别而定。各组间歇时间应保证运动员在完全恢复的状态下去完成下一组练习。

动作要求：在使用动力拉伸法时，逐渐加大动作幅度，动作要到位，使肌肉尽量被拉长。在动作速度上，可以用缓慢的速度拉伸肌肉，也可以用较快的速度拉伸肌肉。

注意事项：可利用间歇时间安排一些肌肉放松练习或按摩等，以利于下一次的练习。

（四）表现力训练

运动员的表现力绝非简单的技巧展示，更多的是一种艺术和情感的传递。这需要运动员对动作和音乐主题进行深度理解，将其转化为内心的情感体验。通过训练，运动员能将这种情感通过肢体语言和表情持续地展现出来，让观众感受到运动的魅力和激情。这不仅需要丰富的内在情感，还需要纯熟的外在技巧，达到内外兼修的和谐统一。

应针对表现力的影响因素进行相应的训练。第一，要从运动员的自身因素着手，如运动员的技术动作水平、心理因素、身体素质、面部表情的传达能力、对动作的理解力等。第二，从外在表达途径着手，如身体姿态、技术动作、音乐以及面部表情等。第三，要培养运动员的感受力、认知力、观察力、注意力等能力，从基础上对运动员进行改造和提高，使表现力得到提高。

培养和提高运动员表现力的方法如下：

1. 舞蹈训练法

在培养技巧啦啦操基本姿态的同时，要求寓情感于动作之中，使其具有一定感染力。训练时可借助生活中富有情感的动作，如交际舞、拉丁舞、时装表演、登台讲演、诗歌朗诵等，或者借助比较流行的街舞、民族舞来强化技巧啦啦操的舞台表现力。

2. 观察训练法

观察训练法是指借助多媒体进行直观的观察，从中寻找不足，进行改正，以提高运动员表现力的一种方法。在观察训练法中我们通常采用录像观察法和镜面观察法。

（1）录像观察法是指用多媒体设备协助训练的一种方法。借助录放设备直观地把运动员的表现记录并反映出来，让运动员观察、比较、找出不足，逐渐提高自己的水平。通过观察录像，运动员可以更为直观地了解自身动作的不足，有助于改正动作和进一步的学习。多媒体可以将瞬时发生的动作记录下来，运动员可以反复地揣摩、思考动作是否协调到位、是否有力度、是否优美、面部表情是否合理自然等问题。通过观察找出缺点，加以改善。

（2）镜面观察法是指面对镜子对技术动作、身体姿态、面部表情等方面进行观察的一种方法。镜面观察是一种既有效又实际的训练方法，在没有多媒体设备的条件下通常采用镜面观察法。

3. 表情法

面部表情法是指在表演中面部各器官，如眼睛、鼻子、嘴巴、耳朵以及面部肌肉充分发挥其表现力，共同创造角色，从而产生艺术魅力的方法。

面部表情中最重要的是眼神。眼睛是心灵的窗户，眼神是眼睛的"语言"，可以表现出人物内心世界。因此，眼神在啦啦操的表现力中起着重要的作用。眼神的训练主要采用古典舞眼神训练法，训练时眼神和动作要互相配合。

4. 培养法

表现力是运动员综合素质的体现，不仅是运动员精神气质、身体形态的外在表现，更是文化内涵、个人修养的外在表现。运动员在平时的生活中应注意积累，养成良好的学习习惯，广泛培养个人兴趣，从而提升自己的综合素质。

5. 风格组合训练法

风格组合训练法是指根据不同运动员的气质和表演风格，在进行集体项目的训练时，把气质、表演风格相似的运动员分为一组，这样在一支队伍中就会有不同的风格组合，让各个运动员在训练中取人之长，补己之短，相互借鉴，相互提高。

6. 情绪调动法

情绪调动法可用于运动员产生疲劳心理和厌倦情绪时，播放优秀啦啦操运动员的录像视频让运动员欣赏从而使运动员产生积极的情感。

（五）乐感训练

1. 理解音乐

理解音乐是指对乐曲的制作背景、作曲者的心境及其要表达的思想进行充分了解，以便在编排动作时能够更加充分地表达主题思想。

对音乐的理解应该从以下三点进行：

（1）增强音乐基础认知，这是提升音乐感知审美层次的关键。通过深入探究音乐的艺术组合、形式及结构，可以更好地理解音乐作品的内涵与价值。这不仅有助于提高个人的音乐素养，更有助于深化运动员对音乐艺术的认知和理解。

（2）深入理解音乐内涵，这不仅需要运动员积累丰富的音乐与文化基础知识，还需要将这些知识与个人的经历和情感体验相结合。只有这样，运动员才能真正体会到音乐中的意境与情感。此外，音乐欣赏还需要全面考虑作品的文学艺术背景，包括作者的生平、创作背景以及作品所处的时代背景等。只有深入了解这些背景，运动员才能更好地理解音乐的内涵，与音乐产生共鸣。

（3）多听与细听结合，回味与对比结合。若想真正领略音乐的魅力，绝非易事。音乐，这种世界性的艺术语言，其内涵之丰富、情感之深沉，令人叹为观止。但要真正感受它的魅力，仅停留在表面地听是远远不够的。广泛地聆听各种音乐是基础。每一种音乐都有其独特的情感与故事。只有通过广泛地听，我们才能打开自己的心灵，去接纳各种各样的音乐情感。然而，广泛地听是不够的，我们还需要仔细地听。在每一次聆听中，都要用心去感受音乐的每一个细节、每一个音符、每一个和弦。只有这样，运动员才能真正深入音乐的内部，感受其深藏的情感与意境。此外，为了丰富运动员的情感体验，运动员还应该尽量接触不同时期和风格的音乐。从古代的古典音乐到现代的流行音乐，从东方的民族音乐到西方的摇滚乐，每一种音乐都为运动员提供了不同的情感世界。运动员要对所听的音乐进行对比和回味。这样，运动员才能从多角度、多层次理解音乐作品的内涵，提升形象思维能力。每一次对比和回味，都仿佛在与音乐进行一次深入的对话，使运动员更加深入地了解和欣赏音乐。

2.节奏训练

选取不同类型的音乐让队员训练，能培养和训练他们动作的节奏感与表现力。有学者表示，"音乐节奏感的训练，要严格按照啦啦操正规比赛的要求去操作，既要注重队员动作节奏感的培养，更要注重队员对音乐节奏的理解"[1]。

具体有以下几种训练方法：

（1）符号训练法。练习者在聆听乐曲时，可以根据乐曲的节拍或重音画上一些自己能理解的符号或者标志，当反复聆听时，练习者便能感受到拍子和旋律线的起伏。

（2）击掌练习法。训练中通过理论讲解和实际操作，练习者能了解各种音乐节拍。击掌练习是在教练员的指挥下集体或分组进行各种拍子的击掌，如根据音乐节拍，一拍一击、两拍一击或一拍两击等，使学生熟练掌握各种节拍，适应各种节奏。这种方法一般在训练初期进行。待练习者进一步熟悉音乐节奏之后，提高难度，在一个八拍里的1、5拍击掌或4、8拍击掌，也可以随机规定某个小拍击掌。

（3）以"身体为乐器"练习法。练习者将身体作为乐器，进行节奏训练。这种方法可以培养练习者的节奏感。例如让训练者选择拍手、跺脚、打响指等方法去感受每个乐句的开始或节奏的变化。此过程可以提高练习者的注意力、创造力和记忆力。

（4）结合技巧啦啦操动作练习。音乐节奏有助于技巧啦啦操动作协调性的培养。根据歌曲的内容和音乐的旋律进行训练，要求练习者尽可能理解音乐的节奏、旋律，通过想象，设计富有情趣、贴近生活、与音乐内容相吻合的丰富多彩的动作。

节奏训练应循序渐进，先听节奏变化慢、重音变化明显的音乐，当能够较好地掌握音乐的节奏时再聆听节奏快一些的乐曲，逐渐增加难度。

---

[1] 刘河杉.啦啦操中影响艺术表现力的因素及训练方法分析[J].黑河学刊，2017（3）：50-51.

第三章　啦啦操成套动作的创编

　　啦啦操成套动作的创编是啦啦操运动的一项重要内容。本章主要讲述啦啦操成套动作的创编，具体包括啦啦操成套动作创编的总体设计、啦啦操成套动作的创编程序、啦啦操成套动作中的音乐与服装选择三部分的内容。

第一节　啦啦操成套动作创编的总体设计

创编是啦啦操运动生命与发展的源泉，也是啦啦操成套动作的基础。科学、合理、新颖、独特的创编可以展示队员的特长，凸显成套动作风格，增强啦啦操运动的竞技性、艺术性、观赏性和娱乐性，同时提升啦啦队的凝聚力，促进啦啦操队员生理和心理健康发展。

创编不仅仅是简单的组合和拼接，更是一个艺术化的过程，需要精心挑选、巧妙安排和细致打磨。创编者需要具备敏锐的洞察力和深厚的艺术修养，能够准确把握各个元素之间的内在联系，使它们形成一个有机整体。在这个过程中，创编者需要不断地思考、尝试和修正，不断挖掘更深层次的内涵和意义。只有这样，才能使作品真正达到和谐统一，准确地传达出中心思想和情感意境。因此，创编是一项充满挑战和创造性的工作，需要创编者具备全面的素质和技能。

一、舞蹈啦啦操成套动作的设计

啦啦操运动属于难美性项群，极具观赏性，舞蹈啦啦操则更能展现艺术的美感。展现艺术美就离不开编排，优秀的编排能给人耳目一新的感觉。因此，创编者要树立创新意识，掌握编排理论与技能，科学地把握好编排中的各个环节，在表演或比赛时给观众以美的视听感受。

创编一套较为理想、科学性强，能引人入胜的舞蹈啦啦操需要一个复杂的创编过程，这要求创编者不仅具备扎实的舞蹈啦啦操理论基础和丰富的实践经验，还应具备一定的舞蹈、音乐、美学修养，尤其对当前舞蹈啦啦操的发展动向和新信息应了如指掌。

舞蹈啦啦操在中国的发展更加丰富，不仅有传统的花球啦啦操，还融入充满活力的爵士和街舞元素。这些都需要创编者具备深厚的实践经验和扎实的理论基础，他们不仅需要掌握舞蹈技巧，还需要对音乐和美学有深入的研究。在创作过程中，创编者不仅要考虑动作的难度和流畅度，还要重视音乐的节奏和情感的表达。通过不断创新，反复地尝试和实践，将舞蹈啦啦操的表现形式推向新的高度。只有这样，才能创作出理想的舞蹈啦啦操，为观众带来完美的视听盛宴。无论是激烈的竞技比赛还是欢快的表演，舞蹈啦啦操都能展现出其独特的魅力。创编者要在此基础上根据舞蹈啦啦操本身的规律及创编原则、方法、技巧进行创编。

成套动作创编必须体现出主题的鲜明性、新颖性、独特性。主题是舞蹈啦啦操的精髓，拥有好的主题，啦啦操的表演才不会显得空洞，才能够充分体现丰富的文化内涵，增强艺术感染力。表演的主题是广泛的，可以是一种理念、一种精神，可以是一种人物形象，但不管主题如何确定，都必须体现出积极向上、团结进取、勇攀高峰的精神。

（一）创编前的准备

（1）明确创编的目的、任务、要求。

（2）了解啦啦队队员的基本情况，如擅长的舞蹈种类、身体素质、运动基础、参赛经验等。

（3）学习有关啦啦操创编的理论、收集音像资料。

（4）了解啦啦操比赛和表演的客观条件。

（二）创编的原则

1. 创新性原则

创新是舞蹈啦啦操的生命，没有创新就没有舞蹈啦啦操的发展。因此，创新是舞蹈啦啦操创编的一项重要原则。遵循创新性原则，首先创编者要丰富自己的创作思维，了解国内外舞蹈啦啦操的发展现状和趋势，深刻理解舞蹈啦啦操的精髓，然后根据舞蹈啦啦操的特点以及编排的对象，创编出既具观赏性又有表演价值的舞蹈啦啦操。

编排舞蹈啦啦操不仅需要掌握基本的舞蹈技巧，更要注重创新，展现独特的风格。创新是评价舞蹈啦啦操的重要标准，能够给观众带来全新的视觉体验。为了实现创新，编排者需要在多个方面进行尝试和探索，例如：

（1）操化动作的创新：操化动作是舞蹈啦啦操的基础和核心，也是舞蹈啦啦操技术特征的主要体现，全方位、多元化的操化动作是将舞蹈啦啦操变得丰富多彩的原动力。

（2）造型的创新：舞蹈啦啦操通常以造型开始和以造型结束。造型能给观众留下第一印象，是观众最后回味的重要环节。因此，造型的创新显得尤为重要。造型的设计应简单、新颖、大方，并尽量使用全体队员。

（3）难度动作的创新：舞蹈啦啦操的难度动作能反映团队的整体技术水平。但是舞蹈啦啦操难度动作的创新不是盲目的，要符合人体运动的科学原理，建立在体育、艺术等科学研究的基础上，不能为追求难度动作而损伤身体。同时，创编者必须认真学习规则，避免设计违例动作。

（4）音乐的创新：动听的音乐能使人心情愉悦、情绪高昂、精神振奋、积极向上。舞蹈啦啦操多取材于爵士乐、迪斯科、摇滚、说唱等风格的音乐，为使舞蹈啦啦操音乐更具特色和感染力，在音乐选择上可大胆突破，形成自己独特的艺术风格。

2. 艺术性原则

舞蹈啦啦操完美地将音乐与动作融为一体，通过巧妙的队形变化展现出独特的艺术性。在编排舞蹈啦啦操时，应注重保持统一的风格，同时追求创新和技术难度，使每一个动作都优美且具有艺术性。此外，整体结构的艺术性同样重要，需要让音乐、服装和动作相互协调，共同展现出啦啦操的独特魅力。只有这样，舞蹈啦啦操才能成为一种既有艺术美感又充满激情与活力的表演。可以说，艺术性原则是舞蹈啦啦操的终极追求，具体有以下表现：

（1）整体结构设计的艺术性：舞蹈啦啦操包括舞蹈动作组合、难度动作、过渡与连接等内容，因此在创编舞蹈啦啦操时，应体现结构布局的艺术性，高潮部分安排恰当，避免相同内容过于集中。只有整体结构设计合理才能产生美感，才能感染观众，进一步与观众产生共鸣。

（2）音乐选配的艺术性：舞蹈啦啦操音乐的旋律悦耳动听、节奏鲜明强劲，其艺术性主要体现在音乐与舞蹈啦啦操风格的一致性上，而舞蹈啦啦操的风格是由音乐来决定的。因此，舞蹈啦啦操音乐的选配应与动作相协调，并具有一定特色及个性。此外，音乐要伴随啦啦操的层次变化而变化，避免单调。

（3）队形设计的艺术性：丰富多彩、灵活巧妙、自然流畅的队形变换，能为一套舞蹈啦啦操增光添彩。队形变换是舞蹈啦啦操艺术价值的集中体现。队形设计在一定程度上反映了创编者的艺术品位和丰富的想象力。创编者应有意识地提高自己的编创能力，根据音乐的主题、动作的风格创作舞蹈啦啦操的队形或图案，设计新颖、巧妙、自然、流畅、快捷的队形变化和清晰、准确、漂亮的图案变换是舞蹈啦啦操的最高艺术境界。

3. 健康性原则

舞蹈啦啦操是一项有益于身心健康的运动，不仅能够增强身体素质，提高身体的协调性和灵活性，还可以培养团队精神和自信心。为了确保参与者的安全和健康，编排舞蹈啦啦操时必须遵循健康性原则。在选择动作时，要充分考虑参与者的年龄、身体状况和运动能力，确保所选动作既安全又有效。

（三）创编内容与要求

创编一支成功的舞蹈啦啦操，不仅仅是一次简单的动作组合。音乐与动作的结合是创编的核心要素。音乐赋予啦啦操灵魂，而动作则是表达这个灵魂的媒介。基本手位和步伐是舞蹈啦啦操的基础，但要真正吸引观众，还需要在此基础上引入更多的舞蹈元素。道具的使用可以为舞蹈增添趣味，而口号则可以增强团队的凝聚力。除了音乐与动作，空间、方向、队形和节奏的变化也是舞蹈啦啦操的魅力所在。这些因素不断地变化，使舞蹈的层次感得以展现，给予观众视觉上的享受。创编时吸收舞蹈和武术的精华，不仅可以丰富啦啦操内容，还可以提升其技术水平。在选择动作时，不能忽视队员的特点。每个队员都有其独特之处，结合技术水平确定难度和运动路线是确保整体效果的关键。为了展现每个队员的最佳状态，应针对其特点选择适合的动作。速度和节奏的控制是整支舞蹈的命脉，只有当动作与节奏达到完美的协调，啦啦操才能展示最佳效果。

1. 舞蹈啦啦操的创编内容

成套创编必须风格鲜明，突出舞蹈的风格特点和技术特征。成套创编包含翻腾、托举与配合、释放移动、抛接、编排、着装、音乐、道具等内容，动作素材以及难度的选择必须符合三类舞蹈啦啦操的组别特征，同时要求舞蹈动作组合与难度动作的均衡分布。

第一，花球啦啦操是一项充满活力和技巧的表演，以32个基本手位动作为基础，通过加速和定位技术，将动作展现得更加流畅和优美。手持花球的动作与基本手位、个性动作、难度动作和舞蹈技巧相结合，使整个表演更加丰富多样。在表演中，队员们需要展现出精准的特点，尤其是在集体动作时，需要保持高度的整齐和层次感。队形的变化也是花球啦啦操的另一大看点，多样化的队形能够给观众带来不同的视觉享受。

艺术创编：在花球舞蹈啦啦操中，舞蹈动作不仅是基础，更是核心，其地位至关重要。这些动作不是简单的身体运动，更是艺术与体育完美结合的体现。它们通过元素、步伐、手势和表情，传递出舞蹈动作的核心思想。当速度、力度和幅度发生变化时，这些舞蹈动作便能创造出感染力极强的画面，让人目不转睛。在编排队形时，音乐的影响力不容忽视。音乐与舞蹈动作相互呼应，共同打造出令人难忘的视觉与听觉盛宴。因此，为了呈现最佳效果，编排者需深入研究音乐，充分考虑音乐与舞蹈动作的融合。

有学者认为，"只有将成套的动作以及队形与音乐相结合，才可以让花球啦啦操在表演过程中，展现出更加赏心悦目的表演效果"[1]。

在编排花球舞蹈啦啦操时，需要确保整体表演的风格统一，为观众提供流畅的视觉体验。为了评估啦啦操的水平，力度、速度和强度是需要特别关注的要素。此外，舞蹈组合的个性和特色也至关重要，它们有助于提高团队的辨识度，使观众能够记住团队。在创作过程中，内容的丰富性和风格的多样性非常关键，这可以确保动作与项目特性相匹配，从而呈现最佳的艺术效果。只有做到这些，才能真正展现花球舞蹈啦啦操的独特魅力。

基本的手位动作在花球舞蹈啦啦操中占据核心地位。它不仅展现了运动员的技术水平，还是整个表演的亮点。手位动作以肩关节为轴心，通过不同的方向和形态变化，为观众呈现出丰富的视觉效果。为了确保手臂动作的力度和质感，运动员需要经过长时间的训练。同时，手位动作的编排在竞赛中也非常关键。一个全面、均衡且多样化的手位动作编排，不仅能展现出运动员的实力，还能为团队赢得更高的评分。因此，在训练和比赛中，运动员应注重对手位动作的练习和研

---

[1] 叶知飞.舞蹈啦啦操技术特征及表演风格的研究[D].济南：山东体育学院，2011.

究，以提升自己的技术水平和整个团队的表现力。

队形与空间的变化是突出花球舞蹈啦啦操团队特点的重要因素。连续、流畅、匀称的队形编排能够加快队形变化的速度，增加成套操的强度，增强动作的美感和舞蹈效果，更好地体现成套操内在的节奏和韵律。而想要实现这种表演效果，就要不断创新成套动作以及编创队形。有学者认为，"只有排练出新的队形，才能将更好看的花球啦啦操展现在观众面前，从而有效提高表演效果"[1]。在设计队形及其变化时，要充分运用分散、合并、分段、分区等基本方法及其变化规律。在变换较为复杂的队形与图案时，可以采用逐步过渡的方法，或使用特殊标记予以提示的方法。

难度创编：难度动作是花球舞蹈啦啦操成套动作的价值基础，是体现啦啦操运动员技术水平的主要标志，也是影响运动员成绩和体现花球舞蹈啦啦操观赏价值的关键因素之一。规则中规定，难度等级的评分10分为满分，依据技巧动作的难度级别、动作的难度变化、运动负荷的变化、节奏的难度变化等进行评定。

第二，爵士舞蹈啦啦操融入爵士舞蹈技术特征，主要体现在头、肩、躯干、胯和臀的扭动技术上。成套动作由爵士风格的舞蹈动作、难度动作以及过渡连接动作等内容组成，通过队形、空间、方向的变换，同时附加一定的运动负荷，表现参赛运动员的激情以及团队良好的运动舞蹈能力。

艺术创编：在艺术创作中，应大力推崇积极向上的态度和创新思维。在编排队形时，不仅要追求独特性与复杂性，更要确保其流畅变换，与时代背景紧密结合。此外，对于移动速度与视觉效果的关注也是必不可少的，它们共同影响着观众的观感。编排需要精妙的设计，同时要求表演者具备出色的身体素质，这样才能充分展现出艺术作品所蕴含的独特魅力。这样的艺术创作，不仅能给观众带来视觉上的享受，更能触动他们的心灵，引发其深思。

难度创编：从难度技巧的选择上可以看出，运动员个人的能力和一个队伍的整体实力。跳步类与转体类是爵士舞蹈啦啦操比赛中各队常采用的技术技巧，这些动作难度较大，要想提高完成质量，运动员在日常训练中要着重练习弹跳与旋

---

[1] 李红运. 高校舞蹈啦啦队套路编排及对策研究[D]. 南宁：广西民族大学，2010.

转，但是按照身体运动理论，也要相应地增加柔韧性的练习，三者缺一不可，这是体现运动员个人技能的细节之处。

第三，街舞舞蹈啦啦操融入街头风格的动作和节奏，强调舞蹈的风格、创意、身体控制、节奏等。街舞的技术特征主要体现在走、跑、跳和头、颈、肩、上肢、躯干等关节的屈伸、转动、绕环上。成套动作以街舞的舞蹈动作为主，强调街头舞蹈形式，注重身体各部位的律动与控制，要求动作与音乐节奏和谐一致，同时也可附加一定的强度动作。

艺术创编：高水平的艺术创编应注重舞台效果的展现，合理设计层次和对比动作等。同时，队形和过渡动作应具有视觉冲击力。要想提高成套动作创编的多样性与创新性，创编者就要加强对不同风格动作的了解、学习，进而将有特色、新颖的动作融入街舞舞蹈啦啦操中，丰富动作类型，增加动作多样性，为成套动作创新提供较多的参考依据。

难度创编：啦啦操队员应重视难度动作的学习，加强对各个类型难度动作的学习，增加训练的强度，不断增加难度动作的数量，提高难度动作的多样性和观赏性，提高我国街舞舞蹈啦啦操的竞技水平。

2. 舞蹈啦啦操的创编要求

（1）翻腾和空中街头技巧：翻腾是指个人在不与其他人接触、不受其他人协助或支撑的情况下，在地面上完成某些技术的动作，要求个人完成。空中街头技巧动作不被纳入体操或啦啦操的翻腾动作中。在街舞中，不允许采用体操技巧动作，禁止出现原地直体转体360°，允许但不强求出现翻腾动作。掉落的运动员通过空中动作，以非手、脚的身体其他部位先着地，但没有承担其第一承载重量，而是用手、脚承担其第一承载重量。在街舞中仅允许出现肩部或坐姿的下落，运动员身体高度不得超过髋部位置。允许以正面向前跳跃下落至俯卧撑的姿势与地面接触（如飞鼠或 X 跳）。在手持花球或道具时，不允许出现髋部高于头的翻腾动作。

（2）托举与配合：多人配合完成。托举动作是一个人被另一个人或一群人从地面举起并放下的动作，由"支撑者"和"执行者"共同完成。在符合规则要求的情况下，执行者可以出现髋位高于头部的翻转。执行者在被直立倒置的情况下，可以停顿或转换支撑点直接分担其重量给支撑者。

（3）释放移动：释放移动是指执行者在没有支撑者协助、连接的情况下，从托举动作返回地面的过程。

（4）抛接：在花球和爵士舞蹈啦啦操中，支撑者可以抛接一个执行者。仅街舞舞蹈啦啦操的执行者可以跳、跃、跨、离开支撑者，也可被支撑者抛出。

（5）编排：具有暗示性、攻击性或内容粗俗的舞蹈编排、服装和音乐不适合出现在观众面前。成套操的编排应娱乐各年龄段的观众。出现庸俗、暗示性的、攻击性的内容，将被视为不雅的动作或编排。不恰当的编排、服装和音乐将影响裁判的整体印象或成套操分数。舞蹈啦啦操不允许出现口号或颂唱。

（6）音乐：必须保证比赛音乐中的歌词适合所有年龄段的观众。

（7）道具：道具是编排的一部分，但并非服装的附属品。在爵士和街舞舞蹈啦啦操比赛中允许穿戴和手持道具，它们可有目的性地从身上脱下来。花球风格舞蹈啦啦操不允许使用道具，花球的使用应占成套动作的80%～100%，若有男性队员参加该项目，则不要求他们使用花球。各组别比赛禁止使用任何大型可立式道具，如椅子、凳子、阶梯、棍棒、围栏、薄板，任何能承担参赛者重量的物品均被视为可立式道具。

二、技巧啦啦操成套动作的设计

（一）创编原则

艺术性贯穿于成套啦啦操的创编，成套动作要体现出新颖性、多样性和规律性。啦啦操创编者要想创编出优秀的技巧啦啦操成套动作，应遵循科学的创编原则。

1. 安全性原则

技巧啦啦操往往展现惊险、震撼的视觉场面（如抛接、托举、金字塔等），这些技术动作在给观众带来视觉冲击的同时，也存在许多可能导致啦啦操队员身体甚至生命受到伤害的潜在危险。因此，在进行技巧啦啦操创编时，要从每名队员的实际能力水平出发，从安全的角度，创编队员能力范围内的技术动作，尽量防止伤害事故的发生。

2. 科学性原则

技巧啦啦操成套动作的创编，不论是运动负荷的大小、动作设计的繁简，还是强度的强弱，都要遵循人体生理机能的运动规律。在进行动作创编时应尽可能地让运动员整个机体都参与运动，使身体各部位的肌肉、关节、韧带以及内脏器官都得到全面的锻炼。在创编技术动作时，应考虑动作的方向、路线、空间、幅度、力量、速度等方面的对比，确保动作的时空转换丰富多样。这样有助于改善队员的神经系统功能状况，使队员的各项身体基本素质都能得到有效的提升，进一步促进队员身体的全面发展。

3. 创新性原则

创新性原则是技巧啦啦操成套动作创编的一项重要原则。啦啦操运动融合了各种舞蹈元素、体操运动中的翻腾、技巧运动中的托举和抛接及空中造型等。创新性原则要求技巧啦啦操的创编立意新颖、风格突出，同时体现出鲜明的时代气息。

4. 针对性原则

参与啦啦操运动的人员以青少年为主，但也有儿童和中老年人。由于目的、任务不同，因此创编的侧重点也不同。如果参加竞技比赛，一定要依据赛事的规则，结合队员自身的素质与能力创编技术动作，并注重队员间的协调配合和队形变化的流畅性。

（二）创编要素

啦啦操的创编是一个综合性的活动，其中的要素包括舞蹈动作、技巧动作、过渡与连接动作、音乐、队形、服装、口号、道具。这不仅是一项技术，更是一个艺术创作过程。在编排时，必须深入研究竞赛规则，确保每一个动作、每一个队形都符合标准。同时，也要注重审美，让表演既有力量又不失柔美，给人以美的享受。此外，团队之间的默契和配合也是不可或缺的，一个眼神、一个动作，都需要队员们心领神会。只有这样，才能使技术和艺术完美结合，展现出最完美的表演。成功的编排不仅能突显队伍和队员的特色，更能赢得裁判和观众的喜爱和赞誉。在编排技巧啦啦操时，必须全面考虑、精心设计，只有这样，才能让技巧啦啦操的魅力得以充分展现。

在动作、音乐、时间、空间、服装、口号、道具七个创编要素中，前六个是必要要素，道具为可选要素。教练员需要注意搜集各创编要素的素材，这是顺利进行创编工作的前提。需要注意的是，技巧啦啦操的创编不是将各个创编要素进行简单的叠加，七个创编要素之间也不是孤立的，它们共同围绕着一个中心思想，即啦啦操的主题。

1. 动作要素

技巧啦啦操的编排不仅仅是将动作简单地串联起来，更要确保整体动作的流畅性和连贯性。特别是那些过渡与连接类动作，它们是连接各个动作的桥梁，使整个表演能够如行云流水般自然流畅。这些动作不仅仅是技术上的连接，更是艺术上的融合。一个合理且充满艺术感的过渡动作，能够为观众带来意想不到的视觉冲击，使整个表演更加和谐、统一。在啦啦操的动作编排中，过渡与连接类动作的设计是至关重要的。为了给观众带来最佳的观赏体验，创编者需要深入挖掘每一个动作的内在联系，精心设计每一个过渡动作，确保整套动作的流畅性和连贯性。只有这样，技巧啦啦操才能真正发挥其独特的魅力，为观众带来一场难忘的视觉盛宴。

2. 音乐要素

音乐是通过旋律来表达人们思想感情的一种听觉艺术，也是最美的语言。通过演唱或演奏形成的音乐，能够表达人们的思想感情，反映社会现实生活。随着啦啦操运动的不断发展，许多啦啦队在西方艺术的基础上，结合中华民族文化和地域风情，创作出中西方融合的啦啦操音乐。在发展中，更强调了音乐风格与主题相结合的创编理念。

3. 时间要素

技巧啦啦操是一项注重时间控制的运动，要求运动员在规定的时间内完成一系列高难度的动作。时间的准确控制对于整个成套动作和各部分的表现至关重要，甚至影响着比赛的胜负。在我国的啦啦操竞赛中，对口号组合、集体和双人、五人成套动作的表演时间都有明确的规定。运动员需要在严格的时间限制内，完成复杂的动作组合，呈现出高超的技巧和完美的表演。在时间分配上，技巧啦啦操要求开始和结束部分要短促有力，而主体部分则要充分展开，保持连贯和节奏感。这样的时间安排可以使运动员更好地展现自己的技巧和艺术表现力，为观众呈现出最佳的视觉效果。因此，对于技巧啦啦操运动员来说，时间的控制不仅是一种技术要求，更是展现自己实力和魅力的关键。

4. 空间要素

技巧啦啦操在空间运用上要展现其独特的魅力。地面部分与垂直空间都要得到充分的利用，相互呼应，以构建出丰富多彩的视觉效果。在地面上，队员通过多变的移动路线和丰富的队形展示，将场地的每一个角落都充分利用起来。这样设计不仅注重移动的效率和流畅性，还充分考虑了每个队员的特长和特点，使其得到最佳的展现。

此外，技巧啦啦操的队形至少变化5次，每一次都像是一幅美丽的画面。这种变化不仅展示了队员的协作精神，还通过不同的展示面突出了每个队员的技术优势。在设计这些动作时，要遵循"就近"原则，尽量缩短移动路线，避免不必要的混乱和不到位的情况。垂直空间的运用体现在地面、低空、中空和高空四个不同层次空间的使用上（表3-1-1）。

表3-1-1 技巧啦啦操垂直空间层次划分及运用

划分依据	高度	空间运用
地面	地面~0.5人高（含）	地上动作、跪、坐等动作
低空	0.5~1.5人高（含）	走、跑、跳、舞蹈动作、托举、跳跃、翻腾等动作
中空	1.5~2人高（含）	托举、金字塔、抛接、道具的使用
高空	2人高以上	托举、金字塔、抛接、道具的使用

5. 服装要素

比赛表演服装影响着裁判和观众的审美感受，而设计新颖的比赛服装很容易吸引裁判和观众的眼球，给人耳目一新的视觉冲击，留下良好的第一印象，从而为赢得更高得分打下坚实的基础。作为难美性项目的技巧啦啦操比赛，服装是一个极其重要的因素。技巧啦啦操服装多选择透气透汗性能较好、具有良好的伸缩性和弹性的材料制作，服装款式有分体装和连体装之分，但要注意不可选择弹性过大、过松且手感太滑的面料。

6. 口号要素

啦啦操口号不仅仅是一句简短的呼喊，还蕴含着团队的共同信念与力量。每一句口号，都代表着啦啦操队员们的精神风貌，是他们拼搏进取的生活态度的体现。它不仅仅是一个项目的标识，更是队员们心中的信仰，是他们奋发向上、共同奋斗的动力源泉。每一个字词、每一句话，都经过精心挑选，寓意深远，能激发队员们的斗志，增强团队的凝聚力。无论是比赛场上还是日常生活中，啦啦操口号都能成为队员们的精神支撑，激励他们不断向前，超越自我。

7. 道具要素

技巧啦啦操的道具选择是一门艺术，既要满足表演的需求，又要确保道具的使用安全。道具在技巧啦啦操中起着至关重要的作用，它们能够丰富表演内容，为观众带来更加精彩的视觉体验。在选择道具时，应注重其实用性和创新性。标牌、麦克风、旗帜等都是技巧啦啦操中常见的道具，具有独特的作用。同时，吉祥物、花球等道具也能为表演增添趣味性。总的来说，技巧啦啦操的道具选择需要灵活多变，既要突出主题，也要注重安全和实用性，这样才能为观众带来一场难忘的视觉盛宴。

（三）创编内容与要求

1. 技巧啦啦操成套动作的结构

技巧啦啦操表演的流程安排十分讲究。开始部分作为整个表演的引入，包括入场、造型和起势等，音乐的选取应当平缓，不宜过于急促，与动作相互配合，共同为观众营造一个和谐的引入情境。动作设计应简短有力，充满新意，能够在短时间内吸引裁判和观众的注意力。主体部分是表演的核心，需要运动员配合默契，展现出技巧啦啦操的精髓。结尾部分作为收尾，要保证与开头相呼应，让整个表演完整而富有层次。创编时需注重整体性，保证每一个环节都能激发观众的兴趣，使他们在观看过程中始终保持高度的热情。

开始部分、主体部分和结尾部分是啦啦操成套动作结构的主干，而高潮则是中段主干的顶峰，其结构模式如表 3-1-2 所示。

表 3-1-2　技巧啦啦操成套动作结构模式

结构	所占节拍	通常创编的动作
开始部分	两至四个八拍	入场、起势、造型等中低强度的动作
	八至十六个八拍	上肢、下肢及躯干组合动作，配合练习动作
主体部分	八至十个八拍	快节奏徒手、跑跳动作，持绒球或其他道具的动作，托举、金字塔和抛接、翻腾等难度动作，地面动作
	八至十六个八拍	持道具的组合动作，地面动作，多部位配合动作，口号动作
	八至十个八拍	翻腾、跨跳、空翻动作，多部位的配合动作，抛接动作；高空、中空、低空动作，创新动作
结尾部分	四至六个八拍	上肢、下肢结合的动作，有个性、特征（创造性）的动作，金字塔和造型动作

2. 技巧啦啦操的创编内容

技巧啦啦操的创编过程是舞蹈与技巧的融合。为了展现出完美的效果，创编者需要对舞蹈动作进行严格的筛选，确保每一个动作都能为整体增色。技巧与过渡动作同样重要，它们是连接各个环节的桥梁，确保动作之间的流畅与和谐。竞赛规则、审美观念以及团队配合也是不可忽视的因素。为了在竞赛中脱颖而出，必须深入研究规则，结合团队的特色，制定出符合审美要求的动作。手位、手型以及站位都是细节中的关键，共同决定了整体的表现力。现代舞蹈元素的融入，使得原本单一的动作变得丰富多元，为观众带来全新的视觉体验。最后，口号是力量的象征、速度的代表，也是多样性的展现，将口号与动作、音乐相结合，可以使技巧啦啦操的精神得以完美呈现。

（1）口号：参赛队伍集体上场，在 30 秒时间内通过口号配合道具、基本手位、难度等展现自己的热情，鼓舞赛场上同伴的斗志，带动观众为在赛场的运动员加油呐喊，渲染赛场气氛。

（2）翻腾：翻腾是在地面上完成的各类项目中的翻转和腾空类动作。它分为原地和行进间两种，包括各类滚翻、软翻、手翻、空翻及转体动作。

（3）托举：托举是由一人或多人组成的底座把尖子托离地面，在不同高度完成不同姿态的动作造型过程。

（4）金字塔：金字塔是由一个或多个底座支撑一个或多个尖子形成的金字塔形状的托举造型，金字塔的组成人员必须相互支撑，并产生相互联系。

（5）篮抛：篮抛是底座将尖子从髋位开始抛至空中，尖子在空中完成不同的姿态造型或翻转、转体动作后再被底座接住的动作过程。

3. 技巧啦啦操成套动作的创编要求

技巧啦啦操具有其自身的独特性，主要体现在以下三个方面。首先，在成套动作中必须有口号，而口号不仅要与动作相符，还要具有一定的感染力。其次，技巧啦啦操将一些其他的体育项目特点动作融入其中（如现代舞蹈、技巧），并经过加工再创造，形成一种新的动作形式。最后，技巧啦啦操在创编上还具有空间多变性，在动作、造型、托举、篮抛、金字塔的创编上，都需要创编者站在不同的角度和高度上去琢磨，并且不断优化，使成套动作能够充分地展现出技巧啦啦操的空间动态美和立体美。

成套创编必须包含口号、托举、金字塔、篮抛、翻腾等内容，不得出现违反《啦啦操安全准则》的动作内容。

（1）口号：要有感染观众的作用，鼓励使用母语。在喊口号时，适当使用托举和金字塔的动作技术。

（2）托举：技巧与难度动作的同步性和多样性、底座的人数和托举的组数，在规则中1～6级有不同的具体要求，必须按照竞赛规则执行。

（3）金字塔：完成金字塔过程中的整体连接、金字塔的同步性、完成情况和创新性，在规则中1～6级有不同的具体要求，必须按照竞赛规则执行。

（4）篮抛：篮抛的高度、同步性、难度性和多样性，在规则中1～6级有不同的具体要求，必须按照竞赛规则执行。

（5）翻腾：翻腾的难度、正确技术要领、同步性，在规则中1～6级有不同的具体要求，必须按照竞赛规则执行。

（6）成套一致性：要求空间一致性、动作与音乐吻合的一致性、过渡连接的一致性。

第二节　啦啦操成套动作的创编程序

创编是运用一定的手法，按照相关要求和规定，通过研究、分析、选择、加工、提炼而完成作品的过程。程序是完成某项活动或过程所经过的途径，简单地说就是顺序。但啦啦操成套动作的创编程序不是一成不变的，因人而异，因条件而变，最终目的都是完成啦啦操成套动作的创编。

一、制定目标

（一）竞赛类型

目前，我国有关啦啦操的竞赛及活动种类繁多，有锦标赛、世界杯、大奖赛、冠军赛、公开赛、挑战赛、分区赛、邀请赛、擂台赛等，各种比赛的规程和规则不尽相同，因此，创编啦啦操时要坚持针对性原则。

创编之前要了解相关规则，这是决定比赛成败的关键，再好的创编如果不符合规则，那也是徒劳的。因此，创编者在创编前需要了解不同竞赛的规则和要求，有针对性地创编，以免造成编排方面的重大失误。

（二）竞赛对象

啦啦操风格多样，个性突出，创编者应针对参赛运动员的特点进行创编，充分发挥运动员的个性优势，展现其独特的风格。例如，对于弹跳力好的运动员，应多编些跳跃性强、难度大的动作，充分展示其弹跳能力和轻盈的空中姿态；对于那些柔韧性好的运动员，应创编一些难度较大的劈叉、平衡、多方向的高踢腿动作，展现其舒展优美的形体；对于力量型运动员，应回避柔韧动作，创编尽量能表现其较强力量和控制力的动作。

（三）竞赛目的

任何项目的比赛成绩都是由运动员在比赛中的表现、对手在比赛中的表现以及竞赛结果的评定这三方面因素决定的。取得良好的啦啦操比赛成绩需要运动员有较高的竞技能力，创编者有成熟的成套动作编排能力。啦啦操属于技能主导类表现难美性项群的比赛项目，合理、恰当的创编有利于啦啦操队员向观众和裁判员传达正确的理念信息，取得优异的比赛成绩。此时，创编者应该以规则为依据，充分挖掘队员的潜力，合理分布难度动作，善于运用形式美法则，编创独一无二的成套动作。

二、成套动作构思

创编者应该借鉴健美操、艺术体操、体操、体育舞蹈、舞蹈等同项群项目的创编方法和手段，关注世界啦啦操运动的最新动态，有针对性地积累和整理相关素材，然后结合啦啦操队员的运动水平和教练员自身专业素养进行基调动作的构思。基调动作是体现成套动作的个性和运动风格的核心主题动作，在创编时可以用主题基调动作发展变化的方法，由一个动作引出另一个动作，产生丰富多彩、变幻无穷的变体动作，诠释一定的主题和含义，突出成套动作的独特性。

（一）主题与风格的构思

啦啦操不仅仅是一项体育运动，它的精髓更在于其独特的风格和深刻的主题。风格能够展现出啦啦操的整体面貌，它体现了时代的精神、民族的特色以及人们的审美追求。正是风格让啦啦操变得丰富多彩。而主题则负责展现出啦啦操的中心思想与核心内容，它不仅是动作的组合，更是情感的传递和思想的表达。一个好的主题能让人们在欣赏啦啦操的同时，感受到其内在的力量和核心思想。风格与主题，二者相辅相成，共同赋予啦啦操独特的内在气质和外在魅力。只有深入理解这一点，才能真正领略啦啦操的深层含义和价值。

在艺术创作中，风格和主题都是不可或缺的元素，是作品的灵魂和核心。风格是作品的外在表现形式，是艺术家在创作中所运用的独特语言和手法，能直观地展现出作品的内在精神特质和艺术家的个性特点。而主题则是作品所要表达的核心思想和情感，是艺术家通过作品所要传递的意图和信息。

啦啦操的风格是指运动员在比赛中所展现出来的独特舞姿、动作和音乐等元素，这些元素能够直观地表现出啦啦操的动感和活力。而啦啦操的主题则是指在比赛中所要表达的核心精神和意义，例如团队合作精神、积极向上的态度等。

风格和主题是相辅相成的关系，共同决定了作品的内在和外在表现形式。在艺术创作中，艺术家需要注重风格和主题的协调与统一，通过独特的风格和深刻的主题来创作出具有独特魅力和价值的作品。只有深入理解和把握作品的风格和主题，才能更好地解读作品的意义和价值。

（二）成套动作结构的构思

在编排啦啦操的过程中，创编者不仅要考虑动作的流畅性和美观性，更要注重如何巧妙地布置难度和特色动作。这不仅是为了展现队员的身体素质和技术水平，更是为了突显他们的个人优势。啦啦操的编排是一门艺术，需要创编者拥有全局观和细致的观察力。从整体布局出发，尤其是开头、结尾和高潮部分，它们的处理方式对于整个表演效果起到决定性的作用。有时候，一个精心设计的动作或布局，能瞬间抓住观众的眼球，为整个表演加分。

按照一般的结构，啦啦操可以分为三个部分：开始、中间和结束。开始部分是整个表演的引入，应该简洁、明快，能迅速吸引观众的注意力。静态造型、入场动作等都是不错的选择，能为后续的表演做好铺垫。中间部分是成套动作的主体，它承载了啦啦操的主题和核心内容。在这里，创编者需要充分展现队员的技术能力，通过各种动作和队形的变化，使观众感受到队员的活力和热情。同时，这也是突显队员个人特色的最佳时机。结束部分则是整个表演的收尾，应该与开始部分相互呼应，形成一个完美的闭环。选择合适的收尾动作至关重要，既要给观众留下深刻的印象，又要与整个表演风格相协调。如果需要在音乐中退场，那么退场动作的设计也需考虑在内，确保整个表演在最佳的状态下完美落幕。

三、动作与音乐选择

音乐的风格、基调直接决定成套动作的类型。所以，音乐素材必须准确地与主题思想吻合。音乐节奏的强弱、快慢与动作的刚柔、动静、开合、收放起伏等要协调统一，借用音乐增加刚与柔、动与静、开与合、收与放、起与伏等动作的反差感，增添动作的立体感。找到合适的音乐素材后，就开始根据成套动作进行音乐编辑，然后反复试用修改，最终定版。

在准备啦啦操表演的过程中，挑选和设计动作是至关重要的环节。难度和特色动作是整个表演的关键内容，但这些都需要基于队员的实际素质和能力来进行。对于那些没有经验的队员或新手队员，应当避免选择过于复杂的动作技巧，因为这可能会给他们的训练带来困扰，甚至可能导致其受伤。对于那些已经有一定基础和经验的队员，可以尝试编排一些高难度的动作，使整个表演更具看点，但也要确保队员在经过适当的训练后能完成这些动作。创编者需要有足够的创新和尝试精神，不拘泥于某一种动作或技巧。创编者要根据队伍的实际情况和表演的目的，有针对性地进行动作选择和设计。如果某个动作在经过一段时间的训练后，仍有大部分队员无法完成，那么就需要重新考虑这个动作是否真的适合队伍。此外，还需要时刻关注队员的身体状况和反馈，确保他们在训练中不会受到伤害。对于那些能轻松完成的动作，可以考虑适度增加其难度，使整个表演更具挑战性和观赏性。

当啦啦操创编的动作素材和音乐素材积累到一定程度时，便可对啦啦操的成套动作进行总体结构搭建。常用的啦啦操成套动作总体结构搭建有以下两种方法：

第一种方法：首先创编者根据对成套动作的整体设想把整套动作分为若干部分，如开始部分（造型或入场）、主体部分和结束部分（造型或退场），其次设计好各个段落的主要队形或运动路线，确定各个段的节拍数，最后根据动作的主题风格、结构、长度及速度等选择、编辑音乐。

第二种方法：首先根据动作的主题风格选择音乐，其次根据音乐的结构、节拍数、高潮起伏等确定成套动作的总体结构。

整个成套动作的设计要合理、干净、利落，难度、技巧动作的衔接安排应自然，多样化的动作与主题要完美结合。成套动作创编必须展现个人和团队的技术风格，体现创编者的创编水平和创新能力。创编者在编排中要认真分析每一个难度动作的技术原理和技术要求，同时还要结合啦啦操队员的具体特点和优势，参考规则要求，对难度动作合理布局，提高整套动作的艺术价值。

四、整合成套

整合是指将成套动作应具备的各要素通过合理的方式有机地结合在一起，从而形成具有完整性、竞技性、艺术性、观赏性的成套动作。啦啦操成套动作的整合需要做好段与段之间的衔接，将各个分段动作串联起来，使之成为与音乐配合和谐、统一的完整动作套路。

完整的啦啦操成套动作，应具备以下特征：

（1）成套动作风格新颖独特。

（2）各段落的编排布局、队形变化合理流畅，难度分布均衡，层次变化多样复杂，三维空间跌宕起伏。

（3）能充分展示队员的综合能力、训练水平、团队的艺术表现力和感染力。

（4）难度动作的选择多样、合理，且分布均衡。

（5）队形、空间、层次利用具有创造性，体现出较强的艺术效果和视觉冲击力。

五、评价与修改

当一套成套动作初步完成之后，创编者要从完整统一的角度对成套动作进行分析检验，审视成套动作是否符合规则要求；是否完美体现了主题；是否与音乐融合；队形、过渡与连接是否合理、流畅；是否在运动员的能力（尤其是运动强度、难度和运动量）范围内；动作与主题是否完美结合；视觉冲击力是否很强；场地的使用是否合理；是否有高潮和亮点；动作的方向、角度、面向是否有利于表现动作的幅度与美感；空间与时间的节奏变化是否明显；段与段之间的连接是否流畅，成套动作的高潮与效果如何；是否符合规则指标的要求等。然后请同行、专家评价，进一步修改，当发现有不合理之处时应及时修改，从而使成套动作更趋于合理与完善。因此，啦啦操编排检验阶段实际上就是一个不断修改、不断完善的阶段。

第三节　啦啦操成套动作中的音乐与服装选择

音乐是啦啦操运动的灵魂。音乐作为一种完整的艺术形式，有着独特、系统、完整的结构和完备的表达方式，为啦啦操运动插上了飞翔的翅膀。啦啦操是一项渗透艺术元素的体育项目，从这个项目上可以看到艺术与体育的高度结合。啦啦操以动作、音乐为主要内容，在编排上挖掘这两个元素，使其更具艺术化，能提高人们的审美情趣。用动感、激情的舞姿，渲染赛场的气氛，感染场上的观众，从而引导人们积极地开展啦啦操运动，使群众性的啦啦操向新的阶段发展。啦啦操发展至今，不仅讲究难度、创新，还追求艺术效果。

一、音乐选择

啦啦操的音乐价值体现在它能强化人体动作的韵律和美感。音乐的节奏、旋律、音色等，能带给人们冲动与激情，有利于队员掌握动作。啦啦操音乐不仅能在听觉上给予震撼，还使人的大脑神经兴奋，从而使运动员具有丰富的想象力和表现力，并借助肢体语言为啦啦操增添异彩。

音乐在很大程度上引导着啦啦操动作的完成与变化。运动员动作的完成受啦啦操音乐的特点、节奏和风格的影响。音乐能调动练习者的情绪，在音乐伴奏下做动作，能培养运动员的节奏感和韵律感，并使之在练习过程中获得乐趣。

在比赛中，啦啦操音乐不仅有激发运动员情感的作用，还可以引导观众渐入氛围，使运动员的表演、赛场的气氛融为一体。

（一）根据运动员自身风格和气质选择音乐

气质是个体心理活动的动力学特征。人人都有气质，人们通过对气质进行研究，可以更好地认识自己，选择适合自己气质的工作，或调整自己的气质以适应环境的要求。运动员的气质特点对其运动能力的发挥有着重要影响。所以，要根据啦啦操队员的气质类型，选择音乐，创编成套动作。

各种气质类型的运动员完成动作的风格各异，因此在音乐的选择、动作的创编上应因人而异。

1. 胆汁质

胆汁质的运动员灵活性、爆发力较好，受外界刺激容易兴奋，接受新事物快，适应环境能力强，但注意力不易集中，尤其是在比赛中遇到不利因素时，不易自控，易使比赛失败。根据胆汁质运动员的气质特点，成套动作编排时多选择有力量的、快节奏的、体现高水平技艺和力量的技巧动作。

2. 多血质

多血质的运动员灵活性高，在外界事物较长的刺激作用下，仍能保持高度的兴奋性，兴奋过程和抑制过程能基本保持相对的稳定。他们动作舒展开阔，刚柔相济，能将内在的感受和情绪通过动作表现融为一体，节奏分明。但他们的动作不够细腻，稳定性不够好，还需在动作感觉和稳定性上多加训练。根据多血质运动员的气质特点，音乐的选择多以欢快、活泼、抒情为主。掺杂一些豪爽的乐调，可以使多血质运动员个人风格更加鲜明。

3. 黏液质

黏液质的运动员在外界事物长时间的刺激作用下，兴奋过程与抑制过程始终保持基本的稳定。他们不够灵活，在掌握复杂动作时，形成条件反射的速度较慢。尤其是在学习新动作的初级阶段，这种气质类型的运动员做动作细腻、柔和、舒展大方，但动作速度较慢、节奏不明显，然而动作的稳定性较好，应加强其力量、速度、灵活性练习。

4. 抑郁质

抑郁质运动员的抑制过程相对兴奋过程更占优势，对外界刺激产生的兴奋冲动传导速度慢，所以形成条件反射的过程较慢。这种类型的运动员大多动作迟缓、节奏感较弱，不易掌握有一定难度的动作。但一旦他们学会动作，成功率较高并且稳定性较好。根据这一特点，对于抑郁质的运动员来说，在音乐选择上多以变化较少的、简单的、节奏清晰的乐曲为主，这可以使运动员适应节奏，同时又能掩盖其节奏感不明显的缺点。

在音乐、动作选择上要考虑到运动员的风格与气质。比如，考虑到性别上的生理和心理差异，音乐的选择也会出现不同。男性运动员，由于其生理结构上的优势，如强壮的体魄和力量，在比赛中往往展现出震撼人心的力量和爆发力。因此，选择震撼、充满力量的音乐能与他们的动作完美配合，使观众感受到男性运动员的阳刚之气和无与伦比的魄力。这种音乐不仅能够激发男性运动员的斗志，更能让他们在比赛中发挥出最佳水平。而女性运动员，她们的身体线条柔美、轻盈，且心思细腻、情感丰富。因此，节奏明快、轻松愉快的音乐更适合她们。这种音乐能够凸显女性运动员的柔韧性和优美，使她们在比赛中如鱼得水，发挥出最佳水平。当然，除了性别，运动员的性格、身材和体质等因素也需要被考虑进去。比如，性格开朗、身材高大的运动员适合选择激情四溢的音乐，而性格内敛、身材小巧的运动员则更适合选择轻柔、细腻的音乐。这样，音乐与运动员就能达到完美的融合，使他们在比赛中发挥出最佳水平。综上所述，音乐和动作的配合是增强运动员在表演或比赛中表现力的关键。因此，为运动员精心挑选音乐和动作是不可或缺的一环。合适的音乐不仅能激发运动员的热情，还能增强他们的自信心和表现力。

（二）根据不同项目类型选择音乐

表演类体育项目伴奏音乐和成套动作肩负着塑造艺术形象的任务，不同乐器音色的使用，也为音乐形象的塑造增添了光彩。因此，伴奏乐器的选择也是塑造艺术形象不可忽视的因素。啦啦操音乐突出音乐节拍，强调节奏感和力度感，因此速度较快，旋律大都具有迪斯科、摇滚乐、爵士乐等现代流行音乐的风格特点。

1. 技巧啦啦操音乐的选择

音乐作为啦啦操非常重要的组成部分，它的主要作用是烘托现场气氛，使啦啦操音乐的"声"与啦啦操动作的"形"同步传播、同时作用，共同向人们传达啦啦操的主题思想。技巧啦啦操的音乐要注意贴合主题、旋律优美、鼓点清晰、节奏感强、速度适宜（一般为26至30拍/10秒），音乐的风格应与动作风格保持一致。

技巧啦啦操音乐可以是整首乐曲或者某乐曲中的一段，也可以以一首或多首乐曲为蓝本，根据动作与啦啦操的主题思想进行合理选配、剪接、编辑，还可加入一些特殊音效，使制作好的音乐与动作在节奏、情绪、力度以及速度上协调一致。需要注意的是，经过剪接、编辑后的音乐，除规定的时间和情绪的起伏符合编辑要求，音乐本身要有相对的完整性，有主旋律贯穿，转调连接自然，有明确的主题思想。

在技巧啦啦操中，音乐不仅是伴奏，更是整个表演的灵魂。它需要与运动员的动作风格完美融合，共同展现出独特的魅力。音乐不仅能营造出令人振奋的氛围，还能激发运动员的情感，使他们的动作更富有感染力。因此，运动员需要深入感受音乐的结构和内涵，通过每一个动作将其完美诠释。

2. 舞蹈啦啦操音乐的选择

动作与音乐是舞蹈啦啦操的灵魂，二者缺一不可。只有将舞蹈啦啦操的每一个动作、每一个造型、每一个表情变化都融入音乐中，然后通过身体的自然动作表现音乐的内在感情和深邃意境，啦啦操才能产生水乳交融的审美效果。

舞蹈啦啦操音乐常选用迪斯科、摇滚、爵士乐、舞曲等。在音乐的选择上，应将自己喜欢的音乐放在自己的音乐收藏夹，待需要时再次聆听，选择和本次比赛最相关的音乐。在聆听的基础上，反复比较不同风格与形式的音乐，根据舞蹈啦啦操项目特点有目的地确定音乐。创编者选择音乐时要注意音乐本身的效果，能否感染运动员和观众，刺激他们产生某种情感。只有这样才能使观众或裁判在音乐的伴奏下进入意境，产生良好的共鸣效应。好的音乐才能给人留下深刻的印象，不能只注重对动作的编排，而忽视音乐的魅力。

舞蹈啦啦操在时间上有一定的规定，其成套动作时间为 2 分 20 秒，前后各有 10 秒的宽容度。若成套动作的时间不足 2 分 10 秒或超过 2 分 30 秒，扣 0.1 分；时间不足 2 分或超过 2 分 40 秒视为时间错误，取消比赛资格。这就要求音乐在规定时间内完成相对完整的情感表达。比赛时往往需要对选编的音乐进行必要的剪辑，使之与成套动作相吻合。成套动作开始之前可以有前奏，但是音乐与动作必须同时结束。除此之外，在音乐的剪辑中还应注意以下三个方面：第一，要注意音乐整体风格的统一，每首乐曲都有自己的旋律与特有的风格，不能将两段风格截然不同的音乐衔接在一起；第二，使用多于一首的乐曲时，一定要注意节拍的完整性，衔接必须完美，没有突然的停顿，且音量大小要一致，其过渡必须是自然、完整的；第三，添加的音效必须与音乐相符，必须与音乐的结构和特征相适应，并且音量适宜。这样的音乐与整套动作结合，才会给人以完美的感受。

舞蹈啦啦操音乐节拍明快、清晰，速度较快，一般在10秒24拍以上。就速度与节奏而言，时间一定，节奏越快，运动强度越大。假如为了追求快节奏，运动员动作的力度、幅度、技术等就会受到明显的影响，从而影响啦啦操的完成质量。节拍太慢同样也制约着动作的力度和灵活性。

在音乐中加入一些趣味性的特效音乐是舞蹈啦啦操音乐剪辑常用的手法。它能增强操化动作的节奏感，使一些细节更生动、更形象，使难度动作更具动力感。音乐特效应与整首音乐风格相融合，宁缺毋滥。特效音乐出现的时机必须恰到好处，特效音乐与动作应存在一定的联系，音乐与动作的配合要给观众以自然的联想。同时音量要适中，如果要体现震撼的效果，音量可稍大。

（三）根据不同项目风格确定音乐

一套好的啦啦操的音乐与动作编排应该相互依附、相辅相成。根据啦啦操表现内容的不同，其音乐风格与特征亦应有所不同。

1. 技巧啦啦操音乐风格

技巧啦啦操动作构成元素较多，不仅融合了各种操化动作以及特色的舞蹈动作，同时加入了各种翻腾、托举、抛接、金字塔等技巧动作。其动作在完成时发力迅猛、瞬间制动。因此，技巧啦啦操的音乐风格也应该与其动作风格相吻合。首先，技巧啦啦操音乐应该节奏强烈、清晰明了，有明显的跌宕起伏、高低错落、动静结合的音效，直接体现出技巧啦啦操的项目特点，即动作变化快、重心变化明显。其次，由于技巧啦啦操涵盖的艺术元素较多、表现手法多样，因此，音乐的风格也应该具有多样性。

2. 花球啦啦操音乐风格

优美的旋律是花球啦啦操音乐的关键。花球啦啦操的音乐以威猛强劲的爵士音乐和迪斯科音乐为主，其节奏强劲有力，能明显地表现出花球啦啦操的特点。当然，随着社会的不断发展，人们对美和音乐的要求越来越多元化，音乐的运用越来越丰富，有些教练员运用了一些其他音乐，对花球啦啦操进行操化处理，也取得了良好的效果。音乐风格的特点决定动作的风格，只有把握好音乐的风格，才能有力地支撑起动作。

3.街舞啦啦操音乐风格

街舞音乐的特点是节奏强烈,重音明显、清晰,音乐速度一般在18至24拍/10秒,一般都是4/4拍,而爵士、摇滚等,一拍两动,俗称"一二拍",也是音乐节奏的重要特点之一。街舞啦啦操作为啦啦操运动项目的一个分支,其音乐首先要表现啦啦操的特点,其次要融合街舞音乐的特点,保持啦啦操音乐节奏明快、动感清晰、旋律跌宕的同时,音乐的旋律要更加随意、节奏更加明显、重音更加突出。

4.爵士啦啦操音乐风格

在爵士啦啦操这项运动中,音乐是不可缺少的元素,要求舞蹈动作与音乐高度协调统一,融合在一起。随着爵士啦啦操的发展,创编者在音乐风格上逐渐采用多元化的素材进行创编,这更有利于展现不同队伍的不同舞蹈风格。爵士啦啦操音乐是一种具有鲜明风格特点的音乐,可采用不同风格类型的音乐来体现不同的啦啦操成套动作主题。

二、服装选择

服装也是啦啦操编排的一个重要元素。好的服装能吸引裁判及观众,利于啦啦操成套动作主题的表达,从而取得更好的表演效果。材料、款式、色彩是构成服装的三个要素,在设计啦啦操服装时要综合考虑。

(一)啦啦操服装配色

(1)啦啦操服装色调要符合成套动作的主题。色彩具有丰富内涵,不同色彩表达了不同的情感。因此,可以利用这一特性,选择与成套动作主题思想协调一致的色相作为服装主色调。在确定好主色调之后再根据服装款式及成套动作的主题选择合适的颜色作为装饰、点缀,但是一定要注意面积比例的调和。

(2)服装配色应考虑队员的体型、肤色、性别。

(3)啦啦操服装配色应与表演场地色彩协调,尽量避免选择与场地地毯或背景相同的色系作为主色调。

（二）啦啦操服装款式

啦啦操服装的款式多样，有裙装，有裤装，有分体式，亦有连体式。裙装又可以分为短裙、长裙，裤装也有长短之分。选用何种款式的啦啦操服装，取决于着装者的着装目的（参加竞技比赛还是表演展示）和成套动作的主题。

1. 竞技性啦啦操服装款式

竞技性啦啦操服装在规则上是有要求的，服装可选择分体或连体的短裙及裤装，服装上禁止出现战争、暴力、宗教信仰等元素。

（1）技巧啦啦操比赛服装包括三种。

女装：连体短裙，或者分体背心及短裙，上装可以选择长袖、短袖、单袖或无袖。服装可以适当装饰，但上面不可以有水钻、亮片等装饰物（装饰物有可能导致运动员伤害事故的发生）。

男装：分体短袖及长裤，或者分体长袖和长裤。要求上衣长度合体，以不露脐为标准。

鞋袜：技巧啦啦操竞赛规则要求队员比赛时穿白色轻便运动鞋及白色运动袜，不得穿丝袜。

（2）舞蹈啦啦操比赛服装包括三种。

女装：舞蹈啦啦操比赛除了允许穿与技巧啦啦操一样的服装，还可以穿短裤与长裤，上装同样可以选择长袖、短袖、单袖或无袖。

男装：舞蹈啦啦操比赛男装与技巧啦啦操的比赛服装要求相同，为分体短袖及长裤或者分体长袖和长裤，也要求不露脐。

鞋袜：舞蹈啦啦操队员在参加比赛时不可以赤脚，可以穿舞蹈鞋或爵士舞鞋，鞋的颜色可根据服装的色彩由队伍自由搭配。

2. 表演性啦啦操服装

表演性啦啦操的服装在款式上没有特殊要求，有较大的选择空间。表演者根据表演需要可以选择裙装或裤装，只要是适合啦啦操队员运动的，有助于突出表演主题的，能引起观众共鸣的，都可以作为表演性啦啦操的表演服装。

第四章　啦啦操运动员的选材

啦啦操运动员的选材至关重要。本章主要讲述啦啦操运动员的选材，主要包括啦啦操运动员选材的理论基础、啦啦操运动员选材要求与组织实施、啦啦操队长的培养与训练三部分的内容。

第一节　啦啦操运动员选材的理论基础

啦啦操运动员的选材是保证啦啦操运动水平的基础，是一项专业性和科学性极强的工作。选材时要充分借助科学理论与实践经验，全面、具体分析运动员各项指标。

一、啦啦操运动员选材依据

啦啦操运动员选材是发现和挑选优秀运动员苗子的过程，应建立在坚实的科学依据之上。啦啦操运动员选材主要有以下依据：

（一）遗传

人类的生长发育、身体形态和运动能力等受遗传因素影响。有研究表明，人的身体形态遗传度在77%～92%，神经系统功能（强度、灵活性、均衡性）遗传度在90%，运动能力的遗传性状50%以上在子代中表现出来，其中运动速度的遗传度为93%，绝对力量为5%，相对力量为64%，柔韧性为70%。为此，在啦啦操运动员的选材中要对选材对象父母的身高、体重、肢体比例、运动能力进行了解与考察，以提高选材的可靠性。

（二）身体形态

身体形态是指身体的外部形状，包括身高、体重、胸围、头围等。啦啦操分为技巧啦啦操和舞蹈啦啦操两种，在完成动作时侧重各有不同，因此在身体形态方面可根据各项目的特点进行选材。技巧啦啦操的人员由主底座、副底座、尖子、翻腾手等构成，以托举、叠罗汉、筋斗、抛接、跳跃和转体等难度动作为主，因此在身体形态的选材指标上应有所不同。舞蹈啦啦操要求运动员的动作有力量、肌肉相对发达、柔韧性较好、腿部力量结实稳当、能体现音乐的美感，故以手和四肢各个部分的比例为主要考虑因素。

另外，选材时还应注重以下方面：肩关节三角肌的肌肉形状呈线条状为佳；脊柱长且有正常的生理弯曲，两肩平正，两臂上举时肘过耳者为优；两腿要直，站立时不能是O形或X形；在啦啦操的难度动作中有许多旋转类、抛接类动作，所以髋关节稍小者为宜；臀大肌发达、腿部爆发力强、弹跳好者为佳。

（三）身体机能

身体机能主要指内脏器官的功能。啦啦操运动时间短、强度大、单位时间内能量消耗大，是一项以无氧供能为主，无氧与有氧混合供能的运动项目，其动作难度大、变化多、技术复杂，它要求运动员在难度、险度、美感等方面都有充分的表现，对人的体能、技术、心理、意志等方面都提出了更高的要求。所以对啦啦操运动员来说，良好的呼吸功能是非常必要的，同时运动员的体力又与身体的代谢循环有着密切联系，因此，良好的代谢功能也是非常必要的。啦啦操运动员的能量来源主要依靠非乳酸能和糖酵解的乳酸能。根据这一特点，反映运动员机能状态的指标主要有心肺指标、心血管机能、肌肉无氧代谢能力、血红蛋白和血乳酸指标。

（四）运动素质

运动素质是指肌体在运动时所表现出的各种运动能力，包括力量、耐力、速度、柔韧。

敏感期是指特定能力和行为发展的最佳时期。各种身体素质都有自己发展的敏感期，在这段时期所对应的身体素质能力发展相对迅速。

1. 力量素质

力量素质分为一般力量和专项力量。对于儿童和青少年来讲，负荷过大的力量训练会阻碍其身体的成长发育，但这并不意味着在儿童和青少年时期就不能进行力量训练。适当的力量训练对儿童青少年的肌肉发育、肌肉力量、用力姿势都有良好的影响。

一般力量发展的敏感期在12~15岁。在此阶段，练习强度不宜过大，着重发展快速力量，主要采用动力性力量练习。在敏感期的后期，可适当根据运动项目特点加入专项力量练习，负荷同样不宜过大。

专项力量发展的敏感期在15~17岁。在此阶段，加大专项力量练习的比重，着重发展那些与提高专项竞技能力相关的肌肉力量，以增大肌肉横截面积，提高肌肉间的协调能力。

2. 速度素质

一般可分为反应速度、动作速度、位移速度。在儿童和青少年时期，速度素质的发展着重于动作速率的提高。

反应速度的敏感期在9~12岁。可通过各种反应训练刺激中枢神经系统，提高反应的速度。练习时间不宜过长。

位移速度的敏感期在7~14岁。在7~11岁，主要发展动作速度和频率。在12~14岁，在巩固已有的动作速度和频率的基础上，可通过发展肌肉力量来提高速度素质。

动作速度更多取决于快肌的百分比及相关肌肉力量的大小。

3. 耐力素质

在儿童和青少年时期，由于心血管系统和呼吸系统尚未发育完善，宜采用有氧耐力训练，可以刺激相关系统更好地发育，但负荷不宜过大。

一般耐力的敏感期在12~14岁。以有氧耐力练习为主，使心肺功能产生良性适应。

专项耐力的敏感期在15~16岁。在此阶段可逐渐进行无氧耐力训练。

4. 柔韧素质

柔韧素质的敏感期较早，在儿童时期应着重注意柔韧素质的发展。其敏感期在5~9岁，在此阶段，柔韧素质会随着合理的训练得到较快的提高。

（五）心理素质

心理素质对运动水平的发挥有重要的影响，在训练和比赛中起着非常重要的作用，是运动员选材的重要指标。

啦啦操队员通过具有丰富含义的手势、响亮震撼的口号、整齐划一的动作、色彩鲜明的道具，以及各种复杂的队形变化和空间技巧的转换，传达一种健康的生活态度和自信乐观的精神面貌。因此，在选材中应挑选喜爱啦啦操运动、自我控制力强、勇敢刻苦、智力发育良好、富于想象力的孩子。

二、啦啦操运动员选材的原则

啦啦操运动员的选拔必须遵循啦啦操项目的本质特点和人体生长发育的客观规律。在进行啦啦操运动员的选材过程中，应该遵循以下原则：

（一）广泛性原则

选材面要广，要从儿童和青少年啦啦操运动爱好者中广泛选拔人才。

（二）实效性原则

选材指标的准确性、有效性及可靠性，准确地反映啦啦操运动专项的特殊要求，测试结果真实可靠，评价结果客观准确。

（三）因人因项区别选材原则

根据啦啦操专项要求和运动员的个人特点，有针对性地确定测试内容、选择手段和方法、制定指标要求、确定入选对象。

（四）多因素综合分析原则

考虑影响运动能力的多种因素的主次关系及因素之间的补偿效应，综合运用经验法、追溯法、科技法选材。

（五）动态性原则

人体的生长发育是一个动态的过程，啦啦操的运动技术及难度也在不断更新变化。因此，对啦啦操运动员的选材也是一个连续的动态过程。

（六）补偿性原则

啦啦操的不同训练内容对于运动员的形态和素质的要求不同。例如，如果啦啦操运动的内容多偏重街舞方面，那么对于身体柔韧性要求就比较高；若内容多偏重艺术体操，则对平衡性要求较高；若内容偏重徒手操，则对上肢的力量要求比较高。

第二节　啦啦操运动员选材要求与组织实施

一、啦啦操运动员选材要求

啦啦操的动作难度大、变化多、技术复杂，对人的体能、技术、心理、意志等方面都提出了更高的要求。优秀的啦啦操运动员应在身体机能、身体素质、身体形态、心理素质等方面均衡发展。

（一）技巧啦啦操运动员选材要求

技巧啦啦操属于技能主导类难美性项群，最大的特点就是比赛人数众多，且存在着不同的角色分工，包括主底座、副底座、尖子、翻腾手。应根据不同类型的运动员制定不同的选材指标。

技巧啦啦操运动员选材指标包括身体形态指标、身体机能指标、身体素质指标、心理素质指标，除此之外，选材还要经过教练员评定。

1. 技巧啦啦操运动员选材对身体形态的要求

技巧啦啦操属于技能主导类难美性项群，在运动员的身体形态方面有着特殊的要求。技巧啦啦操由于技术难度中有双层或多层的托举及托举造型动作，所以把运动员分成尖子、底座、保护队员，因此在身体形态的选材指标上应有所不同。

（1）底座运动员：身体强壮、大腿粗、身高一致。

（2）保护队员：结实健壮。

（3）尖子队员：个子小、体重轻、比例协调、匀称。

（4）男运动员：要有明显的肌肉线条，上肢肌肉横截面积宽，肩带肌、肱二头肌、肱三头肌发达，胸廓围度大、体形匀称。

（5）女运动员：要有明显的女性特征即具有曲线美，上下肢比例匀称。

2. 技巧啦啦操运动员选材对身体机能的要求

出于项目特有的竞技需要，啦啦操运动员选材时对身体机能方面也有相应的要求。技巧啦啦操运动要求运动员的心肺功能比普通健康人要强，如心率、血压、肺活量、最大摄氧量等。此外，技巧啦啦操要求运动员有氧代谢能力强、神经活动集中而强大、快肌纤维比例大、本体感觉好、平衡能力强，这些对运动员顺利完成难度动作中的翻腾、托举以及抛接动作有很大的帮助。

3. 技巧啦啦操运动员选材对身体素质的要求

（1）力量素质方面：

底座运动员：需要绝对力量，对臂腿的爆发力、肌肉快速收缩和放松交替的协调能力以及关节韧带的灵活性要求很高。

尖子运动员：需要相对力量以及速度力量等。

复合性力量动作对运动员下肢的弹跳力和腰腹肌力量要求高，静力性托举等动作对运动员腿部支撑力、立腰、立背的力量以及动作姿态的控制力有很高的要求。

（2）柔韧素质方面：

各关节活动幅度的大小和肌肉、韧带的伸展能力直接影响难度动作完成的质量。要求队员具备良好的柔韧素质，使动作更加舒展、优美。因此，对尖子队员的要求就更严格，肩、髋、腰、腿的软开度都要好。

（3）速度素质方面：

底座运动员：要求在最短的时间内发挥最大的力量，并按正确的技术要领去完成动作。

尖子队员：空翻和抛接动作中的转体等动作，都需要有良好的速度素质。

（4）时空感觉方面：

时空感觉是指运动员迅速、准确、协调地改变身体运动的空间位置和运动方向，以适应变化着的外部环境的能力。由于技巧啦啦操运动技术复杂多变，运动员需要通过协调视觉、听觉以及动觉，在一瞬间对动作的变化作出快速的反应，不仅要快速地感知各类动作的变化与衔接，同时还要使成套动作有节奏地配合音乐。

（5）平衡能力方面：

技巧啦啦操技术难度越大，原地旋转和跳转的技术越多。因此，运动员要具备良好的弹跳和平衡旋转能力。

4. 技巧啦啦操运动员选材对心理素质的要求

技巧啦啦操具有较强的表演性和观赏性，在竞赛过程中，全场观众特别是裁判员的视线焦点都集中在参赛运动员身上。由于比赛的开放性和顺序性，运动员随时可以观察到参赛对手的训练情况以及竞赛状态，因此难以避免地会受到外界因素的干扰。技巧啦啦操运动中，高难度的抛接动作，要求运动员注意力高度集中。托举造型要求上层队员自信，能控制自身的情绪状态，注意力集中。底层队员的心理素质也直接影响上层队员的动作稳定性。所以良好的心理素质对技巧啦啦操运动中的每一个运动员来说都是不可缺少的。

5. 教练员评定

具有多年执教经验的教练员，知道优秀运动员该具备什么样的身体条件，可以总结出一套从事该项目运动员的标准，再根据这些标准选拔运动员。

技巧啦啦操属于技能主导类表现难美性项群，对运动员的体能、技战术能力、心理以及智能等方面都有着特殊的要求，因此选材不能仅仅依靠一、两个测量指标。有时候无法通过测量的数据判断该人是否符合选材标准，这时就需要依靠教练员的丰富经验。

（二）舞蹈啦啦操运动员选材要求

目前，舞蹈啦啦操运动员的选材指标有形态指标、机能指标、素质指标、技术指标、心理和智力指标。除此之外，选材还要经过教练员评定。

1. 舞蹈啦啦操运动员选材对身体形态的要求

在舞蹈啦啦操的训练过程中，有些因素可以通过后天培养和饮食改变，比如肌肉力度、协调程度，但是身体骨骼是无法改变的。所以，在选材时，一定要注意运动员的身高、四肢长度和胯宽等先天条件。身体形态是舞蹈啦啦操选材中一个重要的指标，它包括身高、体重、五官、肢体等方面。舞蹈啦啦操对运动员的外形有较高的要求。

（1）身高体重。一般来说，身高中等偏上为佳，太矮的影响表现效果，身高太高的在完成高难度动作方面有较大的困难和视觉差异。

（2）五官。要求五官端正，阳光有朝气，没有明显的缺陷。

（3）肢体。优先选择下肢修长、躯体与上下肢比例协调的运动员。因为体型突出的运动员，在完成动作时更容易引起观众和裁判的关注。健美的身材是一名优秀的舞蹈啦啦操运动员必须具备的条件，身材比例合适的运动员能使动作更具艺术表现力。

2. 舞蹈啦啦操运动员选材对身体机能的要求

舞蹈啦啦操是一项以无氧供能为主，无氧与有氧混合供能的运动项目。因此，对舞蹈啦啦操运动员来说，良好的身体机能是完成各项运动的必要条件。其中，运动员要具备良好的呼吸系统和代谢系统，这两者直接关系到运动员的体力和完成动作的能力。为了完成各种转体、旋转动作，要求运动员的前庭器官机能有较高的稳定性。

并不是所有运动员仅凭一腔热血就可以成长为优秀运动员，在一定程度上，天赋直接决定了运动员的成长空间。因此，选材者还需要根据运动员在舞蹈啦啦操中的表现来观察运动员的身体机能情况。

3. 舞蹈啦啦操运动员选材对身体素质的要求

舞蹈啦啦操作为一项体育项目，体现了人体在力量、柔韧、协调、节奏感、审美及表现力等多方面的综合能力，对身体素质的要求是灵活而全面的，要求运动员具有强大的上肢力量、出色的腿部力量、出色的柔韧性等。

（1）柔韧素质。柔韧素质是动作表现的关键指标，舞蹈啦啦操对柔韧素质的要求相对其他项目来说较高。在考核柔韧素质时，可以通过"后桥"来评价女运动员"肩、胸、腰、腿、胯"部位的柔韧性。向后下桥要充分挺胸、开肩、直腿、顶髋，手尽量靠近脚。

肩部柔韧性：是上肢柔韧的主要部分，也是上肢表现美感的重要部分。

腰部柔韧性：腰是连接下肢与上肢的主要部位，腰部的柔韧对于身体整体的表现力有重要意义，具有良好腰部柔韧性的运动员往往能完成具有难度的动作，能让动作更具美感。

腿部柔韧性：是舞蹈啦啦操中重要的部分，一切舞姿和技巧都需要深厚的腿功才能完成。

胸部柔韧性和胯部柔韧性：是柔韧素质的重要部分，身体在完成具有柔韧性要求的动作时，需要在肩、胸、腰、腿、胯集体的配合下才能完整地完成。

良好的柔韧性不仅有利于运动员更快地、高质量地完成各种动作，而且还能充分发挥女运动员特有的形体美，使动作幅度更大，优美飘逸，富有表现力。

（2）力量素质。力量是所有难美性项群类项目都需要的身体素质，在舞蹈啦啦操项目中力量的重要性仅次于协调性和柔韧性，力量素质为动作的完成提供了物质条件，具备良好的力量素质能确保难度动作高质量地完成。

舞蹈啦啦操具有鲜明的技术特征，体现为所有肢体类动作都通过短暂加速和定位制动来表现其力度，发力方式直接、准确。舞蹈啦啦操的动作主要以"核心部位"为轴，强调腰腹肌的核心力量。动作的发力方向和地球引力方向一致，即向下发力，肢体动作运动轨迹以最短路线为最佳，在运动过程中不强调反向发力，但是要注重动作的速度感和力度感。舞蹈啦啦操的动作以全身发力为主，强调四肢动作的力量，运动中以腿部为轴，重心靠下，在动作节奏上要求肢体动作尽可能地快速到位，力度上强调定位准确，幅度上要求动作的定位都在身体的前侧，从侧面看去，肢体的延长线均不超过身体的垂直面。

（3）协调性素质。协调性素质在舞蹈啦啦操运动项目中与柔韧素质具有同样重要的地位，都是此项目重要且不能缺少的素质。身体的协调能力，代表人体不同部位协同配合完成舞蹈动作的能力，是一个人的智力、心理特征、基本运动素质以及观察是否敏锐等能力的整体表现。具备优异的身体协调能力者，能够充分地发挥体能、智力与心理能力，迅速掌握各种运动技能，完成动作难度，使机体在运动时快速适应变化的外在环境，合理使用能量，高效地完成运动技能。另外协调性能避免产生运动伤害。总之，协调性对于人体生理机能的整体发挥具有举足轻重的作用。

在舞蹈啦啦操的整套动作完成过程中，身体各个部位之间都要彼此协调。首先，好的协调性可以使运动员自如地控制身体，以正确、规范、高规格的动作给人舒适的感觉。其次，好的协调性可以使运动员更优美地展示动作，使动作具有生命力。最后，好的协调性能带来凌而不乱的美感，让表演者更加自信地完成相应的动作。

（4）灵活性素质。灵活性素质是重要的素质需求，在运动员选材指标中应占据重要的位置。

（5）平衡性和弹跳力。平衡性素质在舞蹈啦啦操的表演中有重要的作用，大量的单腿或双腿静立的舞姿造型，以及双人舞托举配合等动作都需要舞蹈演员有较好的平衡能力。由于平衡性可以通过后期训练提升，因此应试者没有平衡缺陷即可。弹跳能力是完成舞蹈啦啦操空中动作的必要条件，但舞蹈啦啦操对腾空的要求不高。

4. 舞蹈啦啦操运动员选材对心理素质的要求

可以从运动员的个性特点、接受事物的能力、神经活动类型、进取心和对某项运动的兴趣等方面进行考察。

5. 舞蹈啦啦操运动员选材对专项成绩的要求

舞蹈啦啦操的动作以舞蹈动作为主，强调整体编排和动作风格的个性化。这不仅要求运动员有较好的身体素质，更关键的是运动员还要通过不同舞种的练习来体会不同的表现意识、气质与风格，这就要求运动员的专项素质要高。

6. 教练员评定

科学选材必须采用各种有效的测试方法，明确影响舞蹈啦啦操运动员发展的各种因素，从各个方面对运动员的未来进行评估。

随着科学技术的发展，运动员选材的方法和指标也有很大的变化，选材方法日益科学，选材标准从定性发展为定量。我国舞蹈啦啦操教练员从几十年的实践中积累了非常宝贵的选材经验。将教练员的经验用于补充选材，会使舞蹈啦啦操运动员的选材方法更全面、实用。

二、啦啦操运动员选材的组织实施

（一）成立选材组织机构

科学选材工作需要成立相关办事机构，以提供人员编制、经费、仪器设备等方面的支持。

（二）建立选材测试制度

1. 进校（队）测试制度

凡是准备进入各级体校或运动队的运动员，都需要经过同级科学选材组安排的形态、机能、素质、心理等指标的全面测试，并根据测试数据进行综合评价后提出评定意见。

2. 定期测试制度

已进入各级体校的运动员，每年都要定期参与由科学选材组安排的形态、机能、素质、心理等指标的全面测试，最好每年上半年和下半年各进行一次。科学选材组要及时对测试数据进行综合评价，并将结果反馈给教练员，作为改进训练的参考。测试后，科学选材组应与教练员商量是否可将总评较好的运动员定为优秀"苗子"，并将测试数据上报给上一级科学选材组。对于总评较差的运动员，科学选材组应及时向教练员和有关领导反映，以便考虑是否进行淘汰。

3. 连续追踪制度

运动员升入上一级体校或运动队时，要随带测试数据档案，以便上一级科学选材组继续追踪。

4. 选材普测制度

建立定期到基层小学进行选材普测的制度，以便从更大范围的测试中发现有前途的儿童少年，并向体校教练员推荐。

5. 选材比赛制度

将选材测试与比赛结合，调动广大基层教练员的积极性，以便更广泛地发现人才。

（三）选材的实施步骤

科学选材是一项严肃而细致的工作，不仅是一次简单的体格检查，还是一个在较长时期内，分阶段、分层次、有步骤地层层选优、步步检测的系统人才培养过程。啦啦操运动员科学选材的工作步骤可以分为：家系调查、体格检查、发育分型、选材指标的测试、评价与分析五个步骤。

1. 家系调查

在选材过程中，通过对家系的调查，从运动遗传学的角度分析和评价被选运动员运动发展潜力。

家系调查可以观察父母的体形与子女的异同处，并考虑隔代遗传的百分率，了解父母双方的身体条件，以预测其身高等条件。同时，还要了解家长是否同意、支持孩子参加体育训练，为其未来成材提供第一手资料。

2. 体格检查

在对运动员进行家系调查后，应对运动员进行体格检查。体格检查可以了解被选者的一般健康情况，包括有无影响运动能力发展的各类疾病，有无影响运动技术进一步发展的身体缺陷，评定健康与发育水平对进一步筛选将起积极作用。

各地区、各医院均有自己的要求与标准，一般归纳起来有如下几方面的要求：肌肉、骨骼、心血管系统、呼吸系统、肝功能、血液、尿液及个人病史，其结果基本能够较全面地反映被选者的健康情况，因此可以作为选材依据。

（1）肌肉系统：测量体重是否在正常的范围之内，检查肌肉系统的发达程度与生长发育规律是否一致，注意两侧肌群发育的对称性；测定握力、背力，并用正常的标准予以评价；测定仰卧起坐，评定腰腹肌群的发育水平。

（2）骨骼系统：评价骨骼的发育水平，看其身高是否达到项目要求的高度；在站立姿势下，观察肩、髋及四肢的发育是否对称；观察胸廓是否正常，是否有鸡胸、桶状胸、漏斗胸等情况；检查脊柱生理弯曲线是否正常，有无前曲、后曲或左右侧弯状况；检查上肢外展内收、外旋内旋，手腕活动功能是否正常；检查下肢是否是 X 型腿、O 型腿或对线不正；检查是否扁平足；等等。

（3）心血管系统：检查心律是否正常、心音是否正常，有无收缩期或舒张期杂音等；检查血压是否在正常值范围内，一般收缩压不超过 140 毫米汞柱，舒张压不高于 90 毫米汞柱。

（4）呼吸系统：测量肺活量、肺通气量，做胸透以排除胸部疾病。

（5）肝功能检查：排除肝脏疾病。

（6）进行血常规和尿常规检查：看其是否在正常范围内。

（7）发育程度的鉴别与分型：将在下文着重说明。

（8）个人病史：了解运动员以往体检的检查记录和病史，可以更全面地了解运动员身体状况并作出其未来是否有潜力的评估。

3. 发育程度的鉴别与分型

一个人在生长发育过程中，受遗传、营养、体育锻炼、疾病等因素的影响，生活年龄与发育程度常常不一致，有的甚至相差好几年。在生长发育过程中，运动能力与发育程度密切相关。如果用生活年龄来选材和制定选材分组标准，将会把"早熟"和运动能力提早呈现的儿童、青少年误认为是这个生活年龄中的优秀人才，而将那些更有才能，但暂时还未发育或由于发育持续时间较长而晚熟的"大器晚成"者排除在外。因此，在选材中，应区别运动员的发育程度后，再根据发育程度进行分组，才能对运动员的形态、机能、素质、运动成绩作出正确的评价，才能将那些生活年龄与发育程度相一致（或略偏小），而形态机能、素质、运动成绩又确实是这一发育程度中的高级别者，作为我们要选择的目标。常用骨龄法、第二性征法来鉴别发育程度。

（1）骨龄鉴别法。测定骨龄是目前鉴别发育程度最准确的方法之一。骨龄是反映生物年龄的一种标准，能表明人体骨骼生长发育的实际年龄，也是青少年生长发育水平的评定指标。测定骨龄多采用手腕骨X线片。在测定骨龄时，首先可判断大致骨龄范围，然后再对照标准骨龄片进行测定。

（2）第二性征鉴别法。第二性征是指男女两性在性成熟期所出现的一系列与性有关的特征。人体的骨化程度与第二性征生长发育的程度基本一致，因此可通过检测第二性征来评价儿童、青少年的生长发育程度。

4. 选材指标的测试

选材指标应具有科学性、实用性和可行性。啦啦操运动员选材指标包括运动员基本情况、形态指标、机能指标、素质指标、技术指标、心理和智力指标、教练员评定等。

（1）运动员基本情况：姓名、性别、出生年月、出生地、运动等级、初训时间、开始专业训练时间、伤病情况等。

（2）形态指标：身高、体重、坐高、指距、上肢长、下肢长A、下肢长B、小腿长、小腿长＋足高、跟腱长、腰围、臀围、上臂紧张围、上臂放松围、大腿围、小腿围、踝围、肩宽、胸宽、胸厚、骨盆宽、髋宽、肘宽、膝宽、上臂皮褶厚度、肩胛下皮褶厚度、髂皮褶厚度。

（3）机能指标：视力（左、右）、血红蛋白、平衡能力。

（4）素质指标：握力（左、右）、原地纵跳、20次仰卧举腿计时、引体向上、悬垂举腿、后桥（女子）、体前屈（男子）。

（5）技术指标：跳步、转体、平衡、操化。

（6）心理和智力指标：智商、综合反应能力。

（7）教练员评定：教练员凭借多年执教经验，总结出从事该项目运动员的特点，根据这些特点选取运动员。

5. 评价与分析

对选材测试后获得的数据进行处理、评价与分析，具体可分为以下步骤：

（1）计算派生指标。派生指标是把两个或两个以上的测试指标按一定的计算公式计算后，派生出来的新指标，如肺活量/体重、下肢长B/身高×100%。特别是在形态、机能的评价中，有时用派生指标比用原测试指标更能说明问题。例如，甲肺活量4800毫升、体重75千克，乙肺活量4600毫升、体重70千克。按测试指标肺活量和体重来评定时，认为甲的肺活量和体重都大于乙。但是，如果计算派生指标肺活量/体重，则甲为4800/75＝64.0，乙为4600/70＝65.7。可见，乙每千克体重肺活量为65.7毫升，而甲为64.0毫升，因而，乙的肺活量相对值大于甲。同样，有许多形态指标，用它们计算出新的派生指标后，再去评价更能说明体型特点，如下肢长B/身高×100%，可以很好地说明下肢与躯干的比例。该指标值大的人，下肢相对较长。因而，在进行选材测试时，测试了身高、体重、下肢长B、肺活量等许多指标后，往往还要计算派生指标才能进行评价。哪些指标需要计算派生指标，应根据不同运动项目的选材标准而定。

（2）按发育程度对测试数据进行评价。选材标准是进行评价分析的依据，每一个年龄组设一个标准，而年龄组的划分是以骨龄为依据的。因为每个人受到外界因素的影响不同，发育的速度也是不相同的。而选材就是要选同一发育程度上形态、机能、运动能力等都属于高等级的儿童青少年。所以，不能按受试者的生活年龄来进行评价，而要按其生物年龄（骨龄）来进行评价。例如，某运动员按出生年月算是13岁，但是骨龄已达15岁，则要按15岁骨龄标准来对他的测试数据进行评价。

（3）进行单项指标的评价。根据受试者的年龄、性别及各项指标或派生指标的测试值，查阅选材标准中相应年龄组的评价标准，即可看到该指标达到的等级和分数。通常情况下，一个运动员不可能每项指标都好，或者每项指标都差。一般通过单项指标的评价，就可以看出该运动员的优势项和弱项是什么。例如，有的运动员形态较好但素质较差，有的运动员速度素质较好而耐力较差。选材测试人员应把评价后分析的信息及时反馈给教练员，作为制订训练计划的参考。

（4）综合评价。综合评价即根据运动员的形态、机能、素质等各大类测试指标，进行总的评价。把每一项指标的得分相加，即可得出选材测试的综合评价总分。随后，对照专项选材标准可查出综合评价的等级。根据综合评价的等级，对受试的运动员作出总评。一般来说，总评达到及格以上的就可入选，达到优秀的就可考虑定为该年龄组的"苗子"。

（5）对评价结果的分析。选材测试人员和教练员，应该根据单项指标和综合评价的结果，对受试的运动员进行全面的分析。

①决定该运动员是否能入选。如果有的人测试的总分刚达到及格标准，从单项指标看是否有突出的优势项，若没有突出的优势项或骨龄偏大就不应该入选。反之，有的人测试的总分略低于及格标准，但有突出的优势项，如发育正常且年龄较小，但形态特别好，或形态一般但某一专项能力很好就可以考虑入选，或观察一段时间后再进行测试评定。

②对运动员定向。参加专项训练年限还不太长的体校运动员，通过选材测试后还有一个定向的问题。

③对追踪测试数据要着重分析其增长趋势。经过测试，评价较好且已选入啦啦操的运动员，由于受到遗传阶段性因素的影响，还不能完全确定他今后的发展趋势如何。因此，必须定期进行追踪测试。青春发育期身高的年增长值对判断发育的突增期具有参考作用。分析各项素质和专项成绩指标的增长趋势，我们可以

看出该运动员的发展潜力,对于定为各年龄组"苗子"的运动员,可以把对他们进行定期追踪测试的一些主要形态、机能和素质的指标数据和专项成绩标在曲线图上进行分析。

(四)建立运动员个人档案

为了加强后备人才的管理,必须建立和健全各级体校运动员的选材测试档案。科学选材组测试的各种数据,应及时整理、归档,以便于随时调用、查阅,充分发挥测试数据的作用。档案中应包括以下内容:

(1)运动员的基本情况,如姓名、性别、籍贯、出生年月、民族、文化程度、开始训练时间、双亲的情况等。

(2)每一次选材测试的原始数据和评价结果。

(3)定期拍摄的骨龄 X 片。

(4)参加各种比赛的成绩。

以上材料,可每人装一个档案袋,分别归类存档以便随时查阅。

第三节 啦啦操队长的培养与训练

一、啦啦操队长身体形态的塑造

啦啦操队长在整个团队中起到代表、支柱的作用,在身体形态方面应该符合以下要求:男性啦啦操队长肌肉线条明显、匀称;女性啦啦操队长体形呈现曲线美,上下肢比例匀称、皮肤健康、有光泽、五官端正、仪表端庄、青春靓丽。

啦啦操运动项目要求做动作时颈部伸直,下颌微收,沉肩挺胸,直背立腰,收腹提臀,收紧腿部肌肉,身体挺拔。因此,培养啦啦操队长的身体姿态需从头、肩、手臂、腰、腿进行有针对性的练习。

(一)头颈部姿态练习

啦啦操队长可通过屈、转、绕和绕环等头颈部姿态动作来完成练习。

（二）肩部姿态练习

首先，做提肩、沉肩练习，要求最大限度地上提和下沉。其次，做绕肩练习，要求肩部放松，手臂伸直，绕环幅度要大。

（三）上肢姿态练习

啦啦操运动项目中常用的上肢动作是 K 手位和 V 手位。作为啦啦操队长在完成上肢动作时，应迅速、准确、干净、清晰。在进行举（包括侧平举、上举、下举、上举 45°、下举 45°）、屈（包括两臂胸前平屈、两臂侧举屈肘）练习时，要求到位、速度快、无晃动。

（四）躯干姿态练习

提高腹背肌的力量是培养啦啦操队长躯干姿态最有效的方法之一。训练方法如下：

（1）仰卧起坐：仰卧，屈膝，两脚同肩宽，腹肌收缩，上体抬起，腰部始终保持与地面接触。

（2）站立侧屈：分腿站立，稍屈膝，上体侧屈，还原。

（3）站立体转：分腿站立，稍屈膝，上体向侧水平扭转。

（4）俯卧两头起：俯卧，异侧的手臂和腿同时抬起，还原。

二、啦啦操队长人格魅力的培养

人格魅力是指一个人在性格、气质、能力、道德品质等方面具有的能吸引人的特有品质。可以从以下方面培养啦啦操队长的人格魅力：

（1）培养啦啦操队长健康、乐观、开朗的性格。

（2）培养啦啦操队长的进取精神。

（3）培养啦啦操队长坚强的意志力。

（4）培养啦啦操队长的责任感和团队精神。

（5）培养啦啦操队长敏捷的思维能力和准确的判断能力。

（6）培养啦啦操队长良好的个人形象和生活习惯，使其谈吐文明，举止和仪态优雅礼貌，落落大方。

（7）啦啦操队长要有丰富的文化和社会阅历，拓宽自己的知识面，丰富自己的文化底蕴。

（8）啦啦操队长要养成遇事不慌、不骄不躁的习惯。

（9）培养啦啦操队长尊重队员人格、倾听队员心声、换位思考、公平对待队员、善于沟通咨询的习惯。

三、啦啦操队长运动能力的训练

（一）身体素质的训练

1.啦啦操队长力量素质的训练

力量素质是在啦啦操比赛中取得好成绩的关键所在，一切高难度动作及配合的完成都必须有各部分力量素质作为保障。啦啦操队长作为整个队伍的主力军，其力量素质非常重要。

啦啦操队长不能盲目效仿那些对抗性运动项目的力量训练，而应该结合该运动项目特点，以动力性练习为主。在确保技术动作正确的情况下，要求队长尽最大可能快速完成动作。在这里介绍三种力量训练的方法。

（1）两天分开式的训练方法如下：

第一天：股四头肌、臀肌、腿筋、下背（背起、后摆腿、侧踢腿）。

第二天：三角肌、胸肌、肱三头肌、上背。

（2）三天分开式训练方法如下：

第一天：胸肌、肩部、肱三头肌（卧推）。

第二天：股四头肌、臀肌、腿筋、下背（向上纵跳）。

第三天：上背、肱二头肌（持哑铃扩胸、负重弯举）。

（3）四天分开式训练方法如下：

第一天：肱二头肌、肱三头肌。

第二天：股四头肌、臀肌、腿筋。

第三天：三角肌、下背。

第四天：胸肌、三角肌。

2.啦啦操队长耐力素质的训练

啦啦操队长作为整个队伍的榜样，在平时的训练中需要更长的训练时间。因此，啦啦操队长要有一个良好的有氧供能系统。有氧运动可提升队长的心血管系统的耐力。啦啦操运动中有高冲击力动作，也有低冲击力动作，高低冲击力动作结合训练的过程可提高有氧耐力。

3.啦啦操队长柔韧素质的训练

（1）热身充分后，做拉伸运动。如果在没有热身前进行拉伸，就容易导致肌肉拉伤或撕伤。因此拉伸前应通过慢跑或其他方法使全身充分热开。

（2）边放松边拉伸。放松的肌肉比拉紧的肌肉更容易拉伸，因此啦啦操队长在训练过程中可通过深呼吸、吐气等方法使身体处于完全放松的状态完成拉伸练习。

（3）锻炼后进行拉伸。在啦啦操运动项目柔韧素质训练中，大家往往重视每次训练前的拉伸，而忽略了训练后的拉伸。其实，拉伸练习不仅有助于扩大肌肉关节的运动范围，而且可以促进血液循环，帮助减少乳酸的堆积，减轻训练后肌肉的疼痛感。

（4）与搭档一起拉伸。与搭档一起拉伸的方法通常有反向劈腿拉伸和分胯拉伸。

（二）专项能力的提高

通过加强专项素质训练、加强高难度动作训练，可以提高专项技术技能水平。与此同时，也要加强表现力的训练。

四、啦啦操队长工作能力的培养

（一）语言表达能力的培养

啦啦操运动项目要求队员口齿清晰，声音洪亮，有一定的节奏感，声音具有爆发力，啦啦操队长必须以身作则，经常带领队员进行发音练习。

此外，啦啦操队长在整个团队中是一名管理者，因此语言表达要清晰，表述内容要准确，善于与队员沟通交流。

（二）组织带领能力的锻炼

在啦啦操运动项目中，组织带领能力大致可分为以下几个方面：

1. 啦啦队队员的招募

啦啦操队长应掌握招募队员的方法，队长招募队员的方法有很多，如在学校报纸刊登广告、在校园或社区发放传单、通过原队员宣传等。

2. 组织团队，确定带队目的

啦啦操队长头脑要清晰，需要认清团队的类型，明确该团队适合参加什么样的活动。啦啦操队长要和队员协商，考虑清楚团队是参与社区方面的活动，还是为城市队伍喝彩，是通过学校表演活动或学校体育比赛唤起校园精神，还是为体育竞赛增加场内气氛。

3. 带领队员团结协作，为达成共同目标而奋斗

啦啦操运动是一项团体运动项目，若有一人缺席，这个团队就无法完成整套动作，若其中一人按照自己喜欢的风格去做动作，这个团队就难以整齐地完成动作。因此，队长一定要具备带领队员团结协作的精神。

（三）参赛带队经验的积累

（1）啦啦操队长要明确比赛规则，如穿专业的运动员服装，穿白色袜子等要求。

（2）比赛前提前到场地，让队员充分热身并适应场地，确保在比赛过程中尽最大努力完成每一个动作。

（3）比赛前，队员往往会紧张，这个时候队长要发挥其核心作用，鼓舞队员，增强他们的自信心，激发比赛兴奋感。

第五章 啦啦操竞赛

啦啦操竞赛可以推动啦啦操运动的发展，使更多的人了解、喜爱啦啦操。本章主要讲述啦啦操竞赛，包括啦啦操竞赛的种类及内容、啦啦操竞赛的组织工作、啦啦操竞赛规则与评分三部分内容。

第一节　啦啦操竞赛的种类及内容

一、啦啦操竞赛的种类

啦啦操竞赛的种类包括全国锦标赛、冠军赛、系列赛、联赛分站赛、联赛总决赛、联赛公开赛、大奖赛、全国体育大会啦啦操比赛等各种赛事活动。

二、啦啦操竞赛的内容

啦啦操竞赛的内容分为：根据国际规则而创编的啦啦操自选动作比赛，根据我国国内规则而创编的啦啦操规定动作比赛，以及全国校园课间啦啦操、广场操、啦啦之星等比赛。

（一）啦啦操自选动作比赛

啦啦操自选动作比赛主要分为两大类：技巧啦啦操比赛、舞蹈啦啦操比赛。啦啦操自选动作比赛内容多样，给参赛队更多的施展空间，提升了比赛的精彩度。

（1）技巧啦啦操比赛：根据翻腾、金字塔、抛接等动作的难易程度分为1~6个等级，比赛分集体技巧啦啦操、小团体技巧啦啦操（4~5人）这两个比赛项目。

（2）舞蹈啦啦操比赛：以舞蹈啦啦操集体比赛为主，分为花球舞蹈啦啦操、街舞舞蹈啦啦操、爵士舞蹈啦啦操、自由舞蹈啦啦操四个比赛项目。

（二）啦啦操规定动作比赛

啦啦操规定动作比赛也分为舞蹈啦啦操和技巧啦啦操两类。啦啦操规定动作是针对不同年龄段、不同水平以及不同人群设计的，动作以有氧运动为主，简单易学、健康向上，内容丰富多彩，有利于提升团队精神以及增强身体素质，适合不同练习水平人群的需求。

技巧啦啦操分为三个等级，分别是技巧啦啦操一级、技巧啦啦操二级和技巧啦啦操三级。

舞蹈啦啦操分为三个项目，分别是花球舞蹈啦啦操、街舞舞蹈啦啦操和爵士舞蹈啦啦操。

（三）全国校园课间啦啦操比赛

分为幼儿组、小学组和中学组三个组别。比赛内容包括花球课间啦啦操示范动作、街舞课间啦啦操示范动作、爵士课间啦啦操示范动作、花球课间啦啦操自选动作、街舞课间啦啦操自选动作、爵士课间啦啦操自选动作、自由舞蹈课间啦啦操自选动作。

第二节 啦啦操竞赛的组织工作

啦啦操竞赛组织管理是一项复杂而细致的工作，是啦啦操比赛顺利进行及达到预期效果的重要保障和关键环节。

一、啦啦操竞赛组织机构

竞赛组织管理工作的效率和组织机构的执行力直接影响到比赛的质量和效果，影响到运动员水平的正常发挥。因此，只有竞赛组织机构完备，才能保障比赛的顺利进行。

根据比赛规模的大小，成立相应的组织机构。组织机构设置要合理、分工要明确。通常由主办单位和承办单位协商确定大会组织委员会成员，包括主办单位负责人、赞助单位负责人、承办单位主要负责人以及总裁判长。组织委员会一般设主席 1 人、副主席 1 人、委员若干人。它是整个竞赛组织工作的最高领导机构，其下属的各办事机构，根据比赛规模决定成立几个分部门。大规模或大型综合性比赛，部门应分工明确，各部门责任具体、细致。中小型比赛则可以少设几个部门或只安排具体的人分别负责各方面的事宜。以全国性比赛为例，可分为以下几个部门：大会办公室、竞赛部、仲裁委员会、裁判委员会、宣传部、后勤保障部、安全保卫部、科研交流部。

（一）大会办公室

大会办公室是大会组织委员会的权力执行机构，负责大会的具体工作，协调各部门之间的工作，传达组委会指令等。具体工作包括确定大会活动日程，决定经费预算，拟定开/闭幕式方案，筹划奖品、邀请、组织发奖，召开各种联络会议等事宜。大会办公室下设秘书处、集资处、新闻处、后勤处、保卫处、接待处等。

（二）竞赛部

竞赛部是管理啦啦操竞赛业务的核心部门，主要负责啦啦操比赛方案的制定和实施、编排比赛秩序册、组织抽签、分发号码、计算成绩、提供名次名单，以及场地和准备所需器材等重要工作。

（三）仲裁委员会

仲裁委员会的职责是监督赛风、赛纪，确保赛场秩序和临场裁判员执法的公正性，与高级裁判组共同商榷、处理现场出现的问题，处理赛事纠纷、处罚违纪、违规行为等，仲裁委员会的裁决为最终裁决。仲裁委员会成员不得参加与本人所在单位有牵连的讨论与表决。

（四）裁判委员会

裁判委员会专门领导组织裁判工作。高级裁判组包括总裁判长1人、副总裁判长2人。裁判组包括裁判长1人、艺术裁判4人、完成裁判4人、难度裁判2人、计时裁判1人。另外设辅助裁判员，包括记录长1人、记录员2人、检录长1人、检录员2人、放音员1人、播音员2人、保护员4~5人。也可根据比赛规模大小适当增减裁判员的数量。

（五）宣传部

宣传部主要负责比赛期间的宣传、教育和报道工作。宣传部的主要任务是通过各种方式、利用各种手段进行宣传和报道工作，录制比赛的录像资料，组织开展体育道德风尚奖的评选工作，做好赛后总结工作。

（六）后勤保障部

后勤保障部主要任务是加强财务管理，做好交通、食宿、医疗卫生和救护等方面工作。

（七）安全保卫部

安全保卫部主要负责竞赛活动的各项安全保卫工作，是比赛中不可缺少的部门。

（八）科研交流部

负责为科学研究采集数据和资料，促进啦啦操理论的发展，为实践提供理论依据。

二、啦啦操竞赛管理

（一）啦啦操裁判员管理

全国啦啦操裁判员等级称号分为三级裁判员、二级裁判员、一级裁判员、国家级裁判员、国际级裁判员。

1. 裁判员注册管理

（1）成功注册者具备担任新周期各级比赛的执裁工作。

（2）啦啦操裁判员的注册有效期为四年，一个周期未参加裁判工作将降低一个裁判等级，连续两个周期未参加裁判工作将取消其裁判等级。

2. 裁判员晋升条件

（1）爱好啦啦操运动，身体健康，参加裁判员培训班，规则考核成绩在70分以上，可晋升为三级裁判员。

（2）具备三级裁判员资格，至少担任1次地市级比赛的执裁工作，参加裁判员培训班，规则综合考评在75分以上，可晋升为二级裁判员。

（3）具备二级裁判员资格，至少担任2次省级比赛或1次全国比赛执裁工作，参加裁判员培训班，综合考评在80分以上（含规则、模拟实践评分），可晋升为一级裁判员。

（4）具备一级裁判员资格，至少担任3次全国比赛执裁工作，参加全国裁判员培训班，综合考评在85分以上（含规则、模拟实践评分和英语加试），可晋升为国家级裁判员。

（5）具备国家级裁判员资格，至少担任2次全国总决赛或1次国际比赛执裁工作，参加由国家体育总局体操运动管理中心或国际啦啦操联合会举办的裁判员培训班，考试合格，可晋升为国际级裁判员。

（二）啦啦操教练员管理

目前，我国啦啦操教练员等级称号分为三级教练员、二级教练员、一级教练员、高级教练员、国家级教练员。啦啦操运动员通过培训和带队同样可以申请考取教练员资格，各级啦啦操教练员必须树立良好的职业素养，致力于啦啦操运动的普及与推广，积极组织广大运动员参与国内外竞赛和交流。

（1）啦啦操运动爱好者，从事啦啦操教学与训练工作，参加啦啦操教练员培训且成绩合格（70分以上，含70分），可申报三级啦啦操教练员。

（2）具备三级教练员资格，参加啦啦操教练员培训且成绩合格（75分以上，含75分），所带运动队获得全国性比赛前六名或省级比赛前三名，地市级比赛第一名或组织达标人数每年200人以上，可申报二级教练员。

（3）具备二级教练员资格，参加啦啦操教练员培训且成绩合格（80分以上，含80分），所带运动队获得全国性比赛前三名或省级比赛第一名，或组织达标人数每年500人以上，可申报一级教练员。

（4）具备一级教练员资格，参加国家体育总局体操运动管理中心举办的教练员培训班且考试合格（85分以上，含85分），所带运动队获得全国性比赛第一名或各洲级国际赛、大中学生世锦赛比赛前三名、世锦赛前六名，或组织达标人数每年1000人以上，可申报高级教练员。

（5）具备高级教练员资格，参加国家体育总局体操运动管理中心举办的教练员培训班且考试合格（90分以上，含90分），所带运动队获得3次以上全国性比赛第一名或各洲级国际比赛、大中学生世锦赛比赛第一名、世锦赛前三名或组织达标人数每年 2000 人以上，可申报国家级教练员。

（三）啦啦操运动员管理

1. 啦啦操运动员技术等级标准

（1）4～13 岁运动员可申报红、橙、黄、绿、青、蓝、紫星级运动员。

（2）14～35 岁可申报一星级运动员至五星级运动员。

2. 啦啦操运动员行为准则

（1）坚决抵制非法使用违禁药品，严禁在公共场合吸烟和酗酒。

（2）接受并通过安全教育以及急救课程的培训，了解掌握一定的伤病预防和急救知识。

（3）文明用语，体现良好的体育道德风尚，力求做到公平竞争，胜不骄，败不馁。

（4）加强与各队之间的交往与学习，积极维护、促进运动员之间的和谐关系。

（5）注重自身形象，不着过于暴露的衣物或奇装异服，应体现啦啦操队员健康、时尚、阳光灿烂的精神风貌。

（6）维护公共环境卫生，倡导绿色环保。

三、啦啦操竞赛工作程序

啦啦操竞赛是一项复杂的赛事工程，参赛项目多、人数多，年龄差距大。因此，竞赛组织工作流程必须严密、细致，以保证赛事的顺利进行。

（一）赛前筹备工作

1. 制定竞赛通知

竞赛通知也称竞赛规程，是组织比赛的重要指导性文件，是进行比赛筹备工作的依据，也是参赛单位必须执行的章程之一。

竞赛规程一般框架如下：

（1）比赛的名称：包括年度（届）、性质、规模、名称（包括比赛总杯名称和分杯名称)。

(2)主办单位、承办单位及协办单位。

(3)比赛时间:要详细、清楚地写明比赛的年、月、日,一般还包括报到和离会日期。

(4)比赛地点:要具体到省、市、具体比赛的地点。若下发规程前还未定下城市和比赛场馆,则要写明比赛所在的城市和具体比赛场馆待定。

(5)竞赛内容:明确参赛组别与参赛项目。

(6)参赛资格:对参赛者的资格要具体、明确,不可出现模糊的概念。

(7)竞赛办法:说明比赛采用什么评分规则和计分办法,采取什么样的比赛方式,是否分预赛和决赛、单项赛和团体赛,是否按年龄技术水平分组。如有特殊比赛,要将特殊比赛的方法、要求、规则写清楚。

(8)录取名次与奖励:写清楚团体赛和单项赛的计分方法及奖励范围。

(9)报名与报到:说明报名的方式、要求、截止日期。比赛报到的时间、地点、乘车路线、联系方式和联系人都要清楚,报名表附在规程之后。

(10)裁判员与仲裁委员会:提交名单。

(11)突发公共事件应急预案:啦啦操比赛参赛人数众多,年龄差距大,且会有较多的观众人数,因此必须做好应急预案。

(12)其他:一般包括经费、未尽事宜等另行通知。

2.印刷物品的设计与印制

(1)背景板。

①背景板图案。背景板图案应当契合竞赛主题,简洁大方、色调统一,不可过于花哨。

②背景板尺寸:长18米,高7米,也可自定。

③背景板内容:比赛名称、主办单位、承办单位、协办单位、特别鸣谢、相关官方标志、赞助企业广告。

背景板相关内容可以根据冠名企业的要求做相应调整。

(2)广告板。广告板图案、尺寸及内容可根据比赛名称、比赛性质、场地大小、赞助企业的要求确定。

（3）回头标。回头标图案、尺寸根据现场情况而定。回头标内容包含比赛名称、相关官方标志。

（4）地贴。地贴尺寸长3米，高2米，也可根据现场情况而定。地贴内容要有各赞助企业标志。

（5）引导牌。引导牌尺寸长70厘米，高40厘米，也可根据现场情况而定。引导牌内容要有比赛名称、相关官方标志、参赛单位名称。

（6）赛场相关证件。证件尺寸为8~9厘米乘10~11厘米。证件类别有VIP证、裁判证、记者证、工作证、运动员证、教练员证、领队证、志愿者证等。

证件内容包括比赛名称、证件名称、证件所属人姓名、相关官方标志。

（7）特殊赛事号码牌。号码牌直径10厘米，内容包括号码、相关官方标志。

（8）餐券。餐券图案、尺寸自定，日期及早餐、中餐、晚餐，最好用不同颜色区分。

（9）奖金板（只在总决赛出现）。奖金板尺寸自定。奖金板内容包括比赛名称、相关官方标志、金额。

3. 证书与奖杯的统计与制作

证书包括运动员获奖证书、优秀教练员证书、体育道德风尚奖证书、优秀志愿者证书、最佳组织奖证书。

奖杯包括单项冠军奖杯、团体冠军奖杯（只在总决赛出现）。

（1）证书和奖杯的统计。除运动员获奖证书、最佳组织奖证书、单项冠军奖杯、团体冠军奖杯（只在总决赛出现）须赛前统计完毕，其余证书根据现场比赛情况确定。

证书统计内容包括序号、项目、参赛单位名称、运动员姓名、教练员姓名，可以从报名信息里获取这些内容。

奖杯统计方法是统计每项报名超过3个队（包含3个队）的项目，制作每项的单项冠军奖杯和团体奖杯。

（2）证书的制作。一般在现场填写获奖内容并打印好证书。因此，预先准备好打印机、墨水、证书模板、证书信息表，调整证书打印格式。

①运动员获奖证书制作。每个证书都有一个独立的序号，每份证书的数量在

每项参赛运动员人数的基础上增加一份；多加的一份是给参赛单位留档专用的，其余的每份均相同，填写所有运动员姓名；打印好的证书按照出场顺序排列。

②优秀教练员证书制作。随着比赛进行，统计获得冠军的参赛队的教练员姓名；每张证书打一位教练员的姓名。

③体育道德风尚奖证书。统计获得前三名的学校及运动员，打印证书。

④优秀志愿者证书。比赛结束后，根据志愿者人数选出若干名优秀志愿者，统计姓名打印证书。

⑤最佳组织奖证书。统计符合最佳组织奖评定标准的参赛队，打印证书。

（3）奖杯的制作。提前一周联系奖杯制作商，并发送奖杯统计信息，赛前取回奖杯，贴上奖杯贴，快递至赛区或由工作人员带至赛区。

4.场地器材

（1）承办单位所需提供场地清单：主要有比赛场地、放音室、练习场地（检录处）、组委会办公室、裁判员休息室、VIP室、记者室、新闻发布会室、领队教练员会议室、裁判员会议室。

（2）承办单位所需提供器材清单：

①桌椅：裁判桌、报到桌、椅子、桌布。

②话筒：无线话筒2~3个、座式话筒架2个、立式话筒架1个、电池。

③旗杆若干、国旗1面、国歌，旗杆根据报名参赛队队数决定。

④颁奖托盘、托盘布2套。

⑤放音电脑1台。

⑥大喇叭2个。

⑦打印机1台、席卡、席卡纸、订书机及订书钉。

⑧茶叶、一次性水杯、矿泉水、鲜花。

（二）赛事组织工作

1.印刷物品对接

联系印刷厂，取回所有印刷物品，交给各自负责人。

2. 器材对接

赛事举办方检查器材设备。

3. 场地布置对接

联系广告公司，安排搭建场地。

4. 工作人员对接

赛事举办方与承办比赛单位对接赛事所需工作人员，召集所有相关工作人员开会，并进行培训。

5. 与赛事负责人的业务对接

（1）对接每项赛事环节，查漏补缺。

（2）对接出席开幕式及新闻发布会的领导名单。须对接清楚领导名单、职务及先后顺序，开始之前须再次与专人或本人核对。

（3）确认并布置组委会办公室，领队、教练员、裁判员会议室、报到处、检录处等场地，张贴指示牌。

（4）收发比赛音乐、参赛信息（核对）等物料，每一项有一个专门负责人从赛前一直跟踪管理到比赛结束。将比赛所需物料放置于专用包装袋内，报到时统一发放。

（5）在报到时请领队、教练员认真核对队伍信息，其中包括学校、队伍名称、运动员（替补队员）人数、姓名等。务必提醒领队、教练员认真核对队伍信息，并告知如再出现信息错误，后果自负，信息核对正确后请教练员签字确定。

（6）赛前试用场地。试用场地安排表最好提前在网上公布，以便参赛队作出最合理的安排。

（7）举办领队、教练员、裁判员联席会。会议的主要内容是公布比赛信息、确认参赛运动员的参赛信息和名单、强调参赛注意事项。要求所有裁判、代表队领队、教练员都出席。

（三）赛后收尾工作

1. 物品清点、归类

常用物品有对讲机、评分系统、笔记本、路由器、打印机、照相机、摄像机、席卡、获奖证书、笔、A4 纸、纸质评分表等。

2. 文档收集、整理

（1）收集与比赛相关的文档：如出场顺序、颁奖顺序、评分表、主持词、比赛结果、积分统计等，将其入库，存档备案，图片和视频等材料也要存档备案。

（2）宣传与报道：如各个媒体的新闻通稿、照片、视频（带台标）、电视直播及网页链接。

（3）将财务明细表存档备案。

第三节　啦啦操竞赛规则与评分

一、啦啦操竞赛规则

（一）竞赛场地要求

1. 赛台

舞蹈啦啦操比赛可使用赛台，赛台高80～100厘米，后面有背景遮挡，赛台面积不得小于 16×16 平方米。有效比赛区域为 14×14 平方米，需要清楚地标出。技巧啦啦操比赛禁止使用赛台。

2. 比赛场地

比赛场地选用专业比赛板，也可用体操板或地毯代替。

3. 裁判座位区

裁判员坐在赛台正前方，高级裁判组坐在两组裁判员的后排。

（二）成套动作时间

（1）技巧啦啦操的口号组合时间为30～35秒。集体技巧啦啦操成套动作时间为2分15秒至2分30秒。双人、五人配合技巧成套动作时间为60～65秒。

（2）舞蹈啦啦操的成套动作时间为2分15秒至2分30秒。

（三）比赛的开始和结束

（1）比赛开始时所有参赛队员必须在比赛区域内，同时身体的某一部分必须接触比赛场地。

（2）从音乐的第一个音符起开始计时（不含提示音），音乐的最后一个音符落标志着计时结束。附加任何有组织的退场或在成套动作结束后附加的多余动作，都视为成套的一部分并计入时间。

特别说明：技巧的最后造型将被视为比赛的结束，尖子的下架，不被视为比赛的部分。双人、五人配合技巧尖子可以踩在底座的手上开始。

（四）比赛中断

（1）在发生运动员损伤或任何其他意外的情况下，高级裁判组有权停止比赛。

（2）由于音响设备或比赛设施等原因导致比赛不能继续，受影响的队伍将被允许继续比赛。

（3）由于队伍自身动作的失败或道具等原因导致比赛不能继续，该队伍将不允许继续比赛。

（4）由于队员受伤导致比赛中止，该参赛队可以继续完成成套动作或退出比赛，同时高级裁判组也有权根据受伤程度决定是否停止比赛。

（五）上场时间

运动队被叫到后20秒内必须上场，超过20秒将会给队伍减分，超过60秒将取消比赛资格。

（六）比赛音乐

可以使用一首或多首乐曲混合的音乐，可以加入特殊音效。音乐注明参赛单位、项目及参赛顺序。

音质应达到专业化水准，确保声音清晰、稳定。音乐节奏清晰、明快、热情、奔放、动感，具有震撼力。

（七）竞赛服装、发饰与化妆

1. 竞赛服装

（1）技巧啦啦操：服装以弹性面料为主，长短袖不限。

运动员必须着合适内衣，服装上禁止添加战争、暴力、宗教信仰等主题元素。

不可穿透明材质衣服及裤袜。

服装可以适当修饰，但不得出现悬垂物、水钻和亮片。

（2）舞蹈啦啦操：服装以弹性面料为主，款式不限，与舞蹈啦啦操成套动作风格相吻合，允许使用部分透明材质的面料。

运动员必须着合适内衣，不得过于暴露。

服装上禁止添加战争、暴力、宗教信仰等主题元素。

禁止在比赛中撕扯服装或脱、丢服饰。

（3）领奖时必须穿比赛装。

2. 比赛鞋袜

（1）技巧啦啦操：比赛要求着全白色且有牢固软胶底的运动鞋以及白色运动袜。

禁止穿丝袜、舞蹈鞋、靴子、体操鞋（或类似）等。

（2）舞蹈啦啦操：可穿舞蹈鞋或爵士舞鞋，颜色不限，不可赤脚。

3. 饰物

（1）技巧啦啦操：不得佩戴任何首饰，包括耳环、手链、脚链、戒指、项链、手表等，但可以使用平板夹、医用绷带。

（2）舞蹈啦啦操：可根据成套动作编排以及表演效果的要求，适当佩戴饰物，但饰物必须是服装的一部分。

4. 发型

技巧啦啦操所有参赛运动员（除短发者）头发必须扎起，不可遮挡面部。

舞蹈啦啦操为了配合成套主题可适当放宽发型要求，但不得造型怪异。

5. 化妆

运动员的外表要整洁、适宜，妆饰不得过于夸张和浓艳。运动员身体禁止涂抹油彩，不可留长指甲。舞蹈啦啦操可根据舞蹈内容、风格需要适当夸张化妆或佩戴饰物。

6. 医学用品

严禁在表演中佩戴眼镜（隐形眼镜除外）等其他医学用品。

如特殊情况要求参赛者以书面形式向高级裁判组提出申请，得到批准后方可使用。

（八）道具

1. 技巧啦啦操

（1）所有道具必须安全。允许使用的道具包括旗、横幅、标志牌、花球、扩音器。禁止使用伞、接力棒、金属、玻璃、塑料等硬质材料制成的道具，禁止使用多棱角的道具。

（2）禁止使用带有杆或能起支撑、翻腾或托举作用的道具。禁止将坚硬的标志牌从托举运动员手中扔到远处的地面上。

（3）任何能从比赛服上卸下来且能产生视觉效果的东西都会被认为是具。

（4）使用的标志牌等道具可以由站在场中的运动员摆放在场外，但不可抛出场外，同时运动员必须始终停留在场地内。

2. 舞蹈啦啦操

舞蹈啦啦操除花球外不允许使用其他道具。

二、啦啦操裁判评分标准

（一）裁判长减分标准

（1）人数不足或超出：1 分 / 人 / 裁判。

（2）超出时间限制：5 分 / 裁判。

（3）服装、鞋、道具、装饰物等脱、掉落：3 分 / 裁判。

（4）套路中断 5～10 秒：3 分 / 裁判。

（5）套路中断 10 秒以上：5 分 / 裁判。

（6）托举违例：5 分 / 裁判。

（7）其他规则违例：5 分 / 裁判。

（8）出现违规广告标贴：5 分 / 裁判。

（二）舞蹈啦啦操评分标准

舞蹈啦啦操满分为 100 分，具体分数分布如下：

（1）技术：30 分。

其中，动作技术的执行占 10 分，动作风格的执行占 10 分，技术技巧动作的执行占 10 分。

（2）团队协作能力：30 分。

其中，包括动作与音乐的同步性占 10 分，动作的统一性占 10 分，空间的一致性占 10 分。

（3）编排：30 分。

其中，音乐性、创造性、原创性共占 10 分，舞台效果和视觉效果占 10 分，难度等级占 10 分。

（4）交流、公众形象、观众号召力：10 分。

9 名裁判，去掉一个最高分和一个最低分，剩余 7 名裁判分数相加为舞蹈啦啦操裁判评的总分。从总分中减去裁判长扣分为最后得分。

（三）技巧啦啦操评分标准

技巧啦啦操满分为 100 分，具体分数分布如下：

（1）口号：10 分。

（2）托举：25 分。

（3）金字塔：25 分。

（4）篮抛：15 分。

（5）翻腾：10 分。

（6）过渡与流畅性：5分。

（7）总体印象、观众的反应（舞蹈）：10分。

10名裁判，去掉一个最高分和一个最低分，剩余8名裁判分数相加为技巧啦啦操裁判评的总分。从总分中减去裁判长扣分为最后得分。

参考文献

[1] 朱琳琳.舞蹈啦啦操[M].福州：福建科学技术出版社，2018.

[2] 花楠.啦啦操运动教程[M].北京：现代出版社，2019.

[3] 许晓红.啦啦操运动的文化分析与开展研究[M].哈尔滨：东北林业大学出版社，2018.

[4] 肖华.啦啦操运动理论与实践[M].哈尔滨：哈尔滨地图出版社，2015.

[5] 杨放.啦啦操运动理论与实践[M].桂林：广西师范大学出版社，2012.

[6] 刘静.大学啦啦操教学与训练[M].太原：山西科学技术出版社，2017.

[7] 叶文娟.校园啦啦操及节奏体语项目教学与案例[M].北京：北京体育大学出版社，2017.

[8] 张卓.啦啦操基础教材[M].北京：民族出版社，2017.

[9] 郑东平.高校啦啦操训练内容体系构建[M].延吉：延边大学出版社，2019.

[10] 于健.啦啦操运动教学理论与方法研究[M].北京：人民体育出版社，2019.

[11] 房凯乐，刘治方.2023年啦啦操世界锦标赛双人花球成套动作编排分析——以决赛前六名为例[J].体育科技文献通报，2023，31（7）：78-81.

[12] 杭艾."学、训、赛、研"教学模式在高校啦啦操教学中的应用研究[J].内江科技，2023，44（5）：129-130.

[13] 钟容，王莉莉."一校一品"视角下高校啦啦操运动推广价值与策略研究[J].体育世界，2023（4）：142-144.

[14] 高夕，胡伟东.体育俱乐部训练体系的理论探讨与实践优化——以啦啦操俱乐部为例[J].黑河学院学报，2023，14（3）：68-70，91.

[15] 钟丽娟，贾佳."一校一球一操"背景下校园啦啦操在高校发展的意义和价值研究[J].齐齐哈尔师范高等专科学校学报，2023（2）：142-144.

[16] 马新越，宋进文.中等强度啦啦操对4～5岁幼儿执行功能影响的实验研究——以新华幼儿园为例[J].当代体育科技，2023，13（5）：19-22.

[17] 姚思婕，曹羽鑫，姚思敏."四位一体"目标下高校体育"以赛促学"课程体系的构建——以花球啦啦操为例[J].当代体育科技，2022，12（36）：49-52.

[18] 毕耀中.国内高校花球啦啦操转体类难度动作选用情况及影响因素研究[J].当代体育科技，2022，12（31）：42-45.

[19] 韩笑.体育锻炼动机对锻炼坚持性的影响研究——以福州市啦啦操参与群体为例[J].运动精品，2022，41（8）：70-73.

[20] 王熠.技巧啦啦操托举类难度动作蹶子直体后空翻上法训练手段的研究[J].文体用品与科技，2022（11）：76-78.

[21] 韩惠敏.花球啦啦操训练对提升8-10岁儿童运动灵敏表现的研究[D].成都：成都体育学院，2022.

[22] 谭爽.合作教学模式对啦啦操俱乐部女生身心健康和运动能力的影响[D].上海：上海体育学院，2022.

[23] 胡梦翔.技巧啦啦操前手翻转体180°成单臂托举动作结构分析及训练方法的研究[D].上海：华东师范大学，2022.

[24] 张晓曼.花球啦啦操教学对初中女生健康体适能及社会适应能力影响的实验研究[D].扬州：扬州大学，2022.

[25] 宋慧茹.音乐节奏训练对技巧啦啦操集体成套难度动作同步性的影响研究[D].武汉：武汉体育学院，2022.

[26] 刘佳佳.体教融合背景下怀化市城区中学啦啦操运动发展的机遇与对策研究[D].吉首：吉首大学，2022.

[27] 孔春燕.舞蹈啦啦操专项学生创编能力指标体系的构建[D].成都：成都体育学院，2022.

[28] 郭含.非稳定性抗阻训练对舞蹈啦啦操代表队队员核心力量影响的研究[D].成都：成都体育学院，2022.

[29] 沈楚阳. 舞蹈啦啦操训练对学前教育专业女生身体自尊、自信心影响的实验研究 [D]. 武汉：武汉体育学院，2022.

[30] 庄峰. 立德树人视域下体育院校啦啦操专修课实施课程思政的现状与对策 [D]. 武汉：武汉体育学院，2022.